여행회화로 배우는

시니어
영어회화
첫걸음

The Calling 저

Samyoung Publishing House

여행회화로 배우는
시니어 영어회화 첫걸음

초 판 1쇄 발행 2024년 3월 25일

저 자 The Calling
펴낸이 최준수
리뉴얼 디자인 디자인손 (H.P 010-3711-1629)

책임편집 디자인클립 **책임마케터** 김미사 최시원
콘텐츠사업팀 최시아 **저작권팀** 정연진
미디어홍보팀 최준호 **브랜드관리팀** 이준호 박미서 손근희
재무관리팀 이순이 박찬경 최민영
물류관리 해피데이
제작총괄 이사 이장희

펴낸곳 삼영서관 출판등록 1978년 9월 18일 제 1-261호
주 소 인천 계양구 동양동 우남푸르미아 103동 901호
전 화 02-2242-3668 **팩 스** 02-6499-3658
이메일 syskbooks@naver.com
홈페이지 www.sysk.kr
책 값 13,800원
ISBN 979-11-983436-2-8

머리말

다시 시작하는 도전!!

생활의 질이 향상되고 수명이 늘어나면서 인생의 생애주기 중 절반 이상이 중년 이후의 삶이 되었습니다. 이제 '실버세대'라는 말은 더 이상 낯설지 않은 단어가 되었습니다. 이는 미래 사회에서 중장년층이 더 이상 주변이 아닌 중심에서 여전히 왕성하게 활동하는 세대가 될 것을 의미합니다.
실버세대의 다양한 활동 중 한 가지가 바로 외국어 학습에 대한 도전인데, 이는 젊은 세대에도 여전히 어려운 숙제로 남아 있기도 합니다.

몇 년 전부터 시리즈로 제작되는 원로배우들의 해외여행 프로그램은 젊은이들은 물론, 동년배의 어르신들에게도 새로운 도전이 되고 있습니다. 간단한 영어 회화로 식당에서 주문도 하고 지하철 표도 삽니다. 그리고 가고 싶은 곳의 길을 묻기도 합니다. 그것을 보며 '나도 하고 싶다'고 생각하셨나요?
또 요즘 영어 공부는 옹알이를 하는 아기 때부터 시작합니다. 이에 맞춰 유아용, 아동용……영어 자격증 시험, 취업용까지 여러 종류의 맞춤형 영어 교재들이 쏟아져 나오고 있습니다.
그런데, 도전 자체가 멋있는 중장년층을 위한 맞춤 교재는 찾아보기 힘든 것이 현실입니다. 옷도 체형에 딱 맞춰 재단한 맞춤복이 나를 가장 멋있게 하듯이, 영어 교재도 내 수준에 딱 맞는 맞춤형 교재가 있다면 보다 빠르고 효과적으로 영어를 학습할 수 있습니다.

이에 〈시니어 영어회화 첫걸음〉은 바로 여러분에게 딱 맞는 교재가 될 것입니다.

본 도서는 주인공 중년 부부가 해외여행을 하면서 겪게 되는 다양한 상황 속에서, 60여 개의 필수 회화 패턴 문장을 통해 쉽고 재미있게 영어회화를 습득하도록 구성되었습니다. 주인공 이동철, 박선희 씨 부부를 따라 비행기에 오르고 뉴욕을 관광하고 쇼핑하다 보면, 어느 새 언제 어디서나 써 먹을 수 있는 기본 영어회화가 내 것이 되어 있는 경험을 하게 될 것입니다.

〈시니어 영어회화 첫걸음〉과 함께 당신의 멋진 외국어 도전을 완성해 보세요!

이 책이 완성되기까지 함께 고민하고 기획하는 내 오랜 벗 윤수, 바쁜 중에도 캐나다에서 적극적으로 도와준 Colin에게 고마움을 전합니다. 그리고 내 삶의 이유가 되시는 하나님께 영광을 올려 드립니다.

2015. 09
저자 더 콜링

이 책의 특징

1. 여행을 테마로 한 재미있는 구성

본 도서는 해외여행 상황을 배경으로 빈번하게 사용되는 일상회화 문장들을 학습함으로써, 자칫 지루할 수 있는 영어 공부를 보다 재미있게 학습할 수 있도록 구성하였습니다. 여행회화는 일상회화에 '출입국, 공항 등' 특수한 상황이 추가될 뿐 일상 생활에서도 널리 쓰입니다. 따라서 여행회화를 통해 영어를 공부하다 보면 일상회화는 물론, 해외여행 시에 필요한 회화까지 습득할 수 있는 일거양득의 효과를 거둘 수 있습니다.

2. 다양하게 활용할 수 있는 패턴 문장

겨우 한두 가지 상황 회화를 익혔다고 어디서나 영어를 써 먹을 만한 실력이 될 수 없습니다. 다양하게 일어날 수 있는 상황에 맞춰 활용할 수 있도록, 기본패턴 문장을 익힌 후 단어만 바꿔서 원하는 문장으로 만드는 연습을 할 수 있도록 구성하였습니다. 일상회화에서 가장 많이 사용되는 패턴 위주로 총 60개의 패턴을 학습하고 나면 웬만한 영어를 구사할 수 있는 실력으로 향상될 것입니다.

3. 짧고 간단하게 내 의사를 나타낼 수 있는 실용 회화

문법 틀에 딱 맞춘 정식 문장을 익히는 것도 중요하지만, 머리에만 머문다면 실력 향상이 어렵습니다. 길고 어려운 문장은 입으로 나올 수 있는 내 표현이 되기 힘듭니다. 짧지만, 내가 표현하고자 하는 의미를 담은 회화체 문장으로 구성된 실용 회화입니다.

4. 한글발음과 악센트 표기로 보다 쉽고 효율적인 학습 효과

학습의 흐름을 방해하지 않고 쉽게 읽어나갈 수 있도록 발음기호가 아닌 한글발음을 제공하였으며, 더불어 악센트를 색으로 표시했습니다. 이는 초급 교재라서 발음기호를 제공하지 않고 한글발음을 제공하는 것만은 아니며, 최근 미국 현지에서도 발음기호를 먼저 가르치지 않는 것이 영어 학습의 추세이기 때문입니다.

다만, 한글로 표기하기 힘든 음성어가 있기 때문에 영어 발음은 한글로 정확하게 표기하기 어렵습니다. 따라서 학습 시 제공되는 원어민의 음원을 통해 보다 정확한 발음을 익히시길 바랍니다.

5. QR코드를 통한 편리한 학습 기능

페이지마다 QR코드를 수록하여, 스마트폰으로 원어민의 발음을 바로 확인할 수 있는 편리한 기능을 제공하고 있습니다.

6. 학습, 재미, 여행정보까지 담은 유용함

실전회화 외에도 다양하게 써 먹을 수 있는 풍성한 표현과 간단한 여행정보까지 동시에 담은 일석삼조의 실속있는 교재입니다. 여행을 준비하는 마음으로 학습을 시작한다면 영어 공부가 더 이상 지루하거나 부담스럽지 않을 것입니다. 마지막 챕터까지 재미있게 공부해 보세요!

이 책의 활용법

시니어를 위한 영어 교재, 이렇게 활용하면 효과 200%!

본 도서는 10개의 챕터, 30개의 유닛으로 구성되어 있으며, 총 240개의 다양한 대화문을 배울 수 있습니다.

준비하기

1. 알파벳 기본 발음

A부터 Z까지 각 알파벳의 대표적인 발음을 중심으로 영어의 기본 발음을 익힙니다. 제시된 예시 단어는 해당 발음을 가진 필수 단어들입니다.

2. 품사와 문장성분 / 기본 문법

본문 설명에 등장하는 용어들이나 문법 내용과 관련된 기본 개념과 역할에 대해 알아봅니다. 쉽게 이해할 수 있도록 최소한의 내용만으로 구성되어 있기 때문에 부담 없이 익힐 수 있습니다.

3. 시작 페이지

이번 과에서 무엇을 배우게 될지 대표 문장 6개와 함께 간단하게 훑어
볼 수 있습니다.

4. 배울 내용 미리보기

배울 내용을 해석으로 미리 만날 수 있는 페이지입니다. 중간에 영어 문
장 두 개가 있는데, 이번 유닛에서 배울 대표 문장입니다. 해석이 따로
없지만, 무슨 뜻인지 생각하면서 회화 전체를 살펴보세요.

5. 핵심 문장 분석

회화의 대표 문장을 패턴 학습 형식으로 배워 봅니다.

❶ 설명 I 이 패턴의 의미와 어떻게 쓰이는지 용법에 대한 요점 설명이 있습니다.

❷ 기본패턴 I 제시된 문장에 어울리는 예시된 대답과 함께 학습하도록 하여, 단
   순하게 문장을 배우는 것이 아닌 회화로 활용할 수 있도록 합니다.

❸ plus tip I 추가로 알아두어야 할 사항을 간단하게 정리했습니다.

❹ 단어 I 예로 제시된 문장 속의 단어들이 강세를 표시한 한글발음 표기와 함
   께 제시되어 있습니다.

6. 실전회화 익히기

[배울 내용 미리보기]에서 봤던 해석을 영어로 어떻게 표현하는지 볼 수 있습니다.

단어 I 회화에 나온 새 단어들이 강세를 표시한 한글발음 표기와 함께 제시되어 있습니다.

7. 연습문제 확인하기

문장을 익혔다면, 연습을 통해 내 것으로 만드는 것이 중요합니다.

❶ I 번 I 핵심 문장 분석에서 본 예시 문장을 연습할 수 있는 문제입니다. 보기에 제시된 어휘를 빈칸에 넣어, 패턴 연습을 할 수 있습니다.

❷ II 번 I 주어진 해석에 맞는 문장이 되도록 보기에서 알맞은 어휘를 골라 넣으세요. 실전회화 중 많이 쓸 수 있는 문장 중심으로 엄선된 문제입니다.

❸ III 번 I 핵심 문장으로 제시되었던 문장들을 해석하는 문제입니다. 이 코너의 문제를 통해 핵심 문장은 꼭 내 것으로 만들어 두세요.

8. 유용한 표현 더 배워보기

실전회화 외에 필요한 어휘와 문장들을 정리한 코너입니다. 상황에 따라 필요한 표현을 쓸 수 있도록 알아두세요.

❶ 단어 I 본문의 회화 상황과 관련하여 써 먹을 만한 어휘의 모음입니다.

❷ 회화 I 본문 회화 외에 만날 수 있는 상황에서 쓸 수 있는 회화의 예시입니다.

9. 알아두면 도움이 되는 여행정보

여행과 관련된 필수 정보입니다. 여행을 준비하고 있다면, 유용한 정보가 될 것입니다.

부록

10. 핵심패턴 40

본문에서 배운 60개의 패턴 중 활용도 높은 40개를 엄선하여, 추가로 연습할 수 있도록 예문을 늘려 구성한 코너입니다. 역시 한글발음 표기가 있어 부담 없이 연습할 수 있습니다.

이 책의 목차

CHAPTER 01

출발
Departure

CHAPTER 02

숙박
The Hotel

준비하기
Warm-Up

PART I. 알파벳 기본 발음

영어의 알파벳은 26개입니다. 그런데, 알파벳은 우리말의 ㄱㄴㄷ처럼 한 가지로 발음되는 것이 아니라, 하나의 알파벳이 여러 가지로 발음될 수 있습니다.
다음에서 각 알파벳이 내는 대표적인 발음 위주로 알아보겠습니다.

A a [에이]

알파벳 중 첫 번째 모음인 a가 낼 수 있는 발음은 여러 가지인데, 가장 대표적인 [애]와 [에이]에 대해 연습합니다.

- [애] bad [배드] 나쁜 ㅣ man [맨] 남자, 사람 ㅣ pants [팬츠] 바지
- [에이] face [페이스] 얼굴 ㅣ race [레이스] 경주 ㅣ grace [그레이스] 우아함

B b [비–]

단어에서는 우리말의 비읍(ㅂ)과 비슷한 발음입니다.

- [브] blue [블루–] 파란 ㅣ bear [베어] 곰 ㅣ ball [버얼] 공

C c [씨–]

c는 단어에서 [크]와 [쓰] 발음을 냅니다. 또 h와 붙은 ch는 [츠] 발음이 납니다.

- [크] coffee [커–피] 커피 ㅣ cup [컵] 컵 ㅣ cat [캣] 고양이
- [쓰] circle [써–클] 원 ㅣ ceiling [씨–링] 천장 ㅣ circus [써얼커스] 서커스
- [츠] cheese [치–즈] 치즈 ㅣ chair [체어] 의자 ㅣ change [체인쥐] 바꾸다

D d [디–]

단어에서는 우리말의 디귿(ㄷ)과 비슷한 발음입니다.

- [드]　　　dog [더억] 개 ｜ duck [덕] 오리 ｜ doll [달] 인형

E e [이–]

알파벳 중 두 번째 모음으로, 여러 가지 발음이 있지만 가장 대표적인 [에]와 [이–]에 대해 연습합니다.

- [에]　　　pen [펜] 펜 ｜ desk [데스크] 책상 ｜ dress [드레스] 드레스
- [이–]　　sheep [쉬입] 양 ｜ deep [디입] 깊은 ｜ tree [트리–] 나무

F f [에프]

f는 우리말의 'ㅍ'도 아니고 'ㅎ'도 아닌 우리말에 없는 발음이라 편의상 [프]라고 표기합니다. 윗니로 아랫입술을 살짝 물고 바람을 통과시키며 내는 발음입니다.

- [프]　　　frog [프러–그] 개구리 ｜ fork [퍼얼크] 포크 ｜ fox [팍스] 여우

G g [쥐–]

g는 단어에서 [그]와 [즈] 발음을 냅니다.

- [그]　　　gray [그레이] 회색 ｜ garden [가알든] 정원 ｜ gift [기프트] 선물
- [즈]　　　giraffe [저래프] 기린 ｜ giant [자이언트] 거인 ｜ gentleman [젠틀먼] 신사

H h [에이취]

단어에서는 우리말의 히읗(ㅎ)과 비슷한 발음입니다.

- [흐]　　　hat [햇] 모자 ｜ hand [핸드] 손 ｜ horse [허얼스] 말

I i [아이]

알파벳 중 세 번째 모음으로, 여러 가지 발음이 있지만 그 중 많이 쓰이는 [이]와 [아이]를 연습합니다.

- [이]　　　kiss [키스] 입맞춤 ｜ pig [피그] 돼지 ｜ ring [링] 반지
- [아이]　　drive [드라이브] 운전하다 ｜ bike [바이크] 자전거 ｜ kite [카이트] 연

J j [제이]

단어에서는 우리말의 지읒(ㅈ)과 비슷한 발음입니다.

- [즈]　　　jam [잼] 잼 ｜ jump [점프] 점프하다 ｜ jungle [정글] 정글

K k [케이]

단어에서는 우리말의 키역(ㅋ)과 비슷한 발음입니다.

- [크]　　　king [킹] 왕 ｜ key [키-] 열쇠 ｜ kick [킥] 차다

L l [엘]

단어에서는 우리말의 리을(ㄹ)과 비슷한 발음입니다.

- [르]　　　lion [라이언] 사자 ｜ leg [레그] 다리 ｜ lunch [런치] 점심

M m [엠]

단어에서는 우리말의 미음(ㅁ)과 비슷한 발음입니다.

- [므]　　　moon [무운] 달 ｜ milk [밀크] 우유 ｜ mix [믹스] 섞다

N n [엔]

단어에서는 우리말의 니은(ㄴ)과 비슷한 발음입니다.

- **[느]**   nine [나인] 9, 아홉 ｜ net [넷] 그물 ｜ new [누-] 새로운

O o [오우]

다양한 발음으로 활용되는 모음입니다. 대표적인 발음으로 [아-], [오우], [어]에 대해 살펴봅니다.

- **[아-]**   clock [클락] 시계 ｜ hot [핫] 뜨거운 ｜ stop [스탑] 멈추다
- **[오우]**   nose [노우즈] 코 ｜ coat [코우트] 외투 ｜ hole [호울] 구멍
- **[어]**   oven [어븐] 오븐 ｜ mother [머더] 어머니 ｜ money [머니] 돈

P p [피-]

단어에서는 우리말의 피읍(ㅍ)과 비슷한 발음입니다. 앞서 배운 f의 발음과 차이가 있기 때문에 주의해야 합니다. p는 입을 다물고 있다가 힘있게 [프]라고 합니다.

- **[프]**   pot [팟] 항아리 ｜ purple [퍼-플] 보라색 ｜ piano [피애노우] 피아노

Q q [큐-]

단어에서는 우리말의 키역(ㅋ)과 비슷한 음이 나지만, 앞서 배운 c와 k의 [크]와는 차이가 있습니다. q 뒤에 항상 u가 있기 때문에 실제로는 [크우] 발음에 가깝습니다.

- **[쿠이]**   queen [쿠이인] 여왕 ｜ question [쿠에스천] 문제 ｜ quick [쿠익] 빠른

R r [아알]

단어에서는 우리말의 리을(ㄹ)과 비슷한 음이긴 하지만, 앞서 배운 l의 발음과는 차이가 있으며, r 발음 역시 우리말로 표기할 수 없습니다. 혀를 동그랗게 말아서 혀끝을 입천장에 닿을락말락한 상태로 만들고 [르]라고 합니다.

- [르]   red [레드] 빨간색 ㅣ rose [로우즈] 장미 ㅣ rabbit [래빗] 토끼

S s [에스]

우리말의 시옷(ㅅ)과 비슷한 발음입니다. 또 h와 붙은 sh는 바람이 새는 소리 같은 [쉬]라고 합니다.

- [스]   ski [스키-] 스키 ㅣ sofa [소우퍼] 소파 ㅣ seven [세븐] 7, 일곱
- [쉬]   shake [쉐이크] 흔들다 ㅣ ship [쉽] 배 ㅣ shirt [셔얼트] 셔츠

T t [티-]

우리말의 티읕(ㅌ)과 비슷한 발음입니다. 또 h와 붙은 th는 혀끝을 이 사이에 물었다가 놓으면서 [쓰]와 [드] 발음을 냅니다.

- [트]   ten [텐] 10, 열 ㅣ tiger [타이거] 호랑이 ㅣ tent [텐트] 텐트
- [쓰]   thick [씩] 두꺼운 ㅣ three [쓰리-] 3, 셋 ㅣ think [씽크] 생각하다
- [드]   that [댓] 저것 ㅣ there [데어] 그곳 ㅣ smooth [스무-드] 부드러운

U u [유-]

모음 u는 [어]와 [우-]가 대표적인 발음입니다.

- [어]   hug [허그] 껴안다 ㅣ sun [선] 해 ㅣ bus [버스] 버스
- [우-]   fruit [프루웃] 과일 ㅣ glue [글루-] 풀 ㅣ June [주운] 6월

V v [비-]

v도 우리말로 표기할 수 없는 발음 중 하나입니다. f를 발음하듯이 윗니로 아랫입술을 살짝 물고 떨면서 바람 빼는 소리를 냅니다. 편의상 [브]라고 표기합니다.

- **[브]**   vest [베스트] 조끼 ｜ vine [바인] 덩굴 ｜ violin [바이얼린] 바이올린

W w [더블유-]

편의상 [우]라고 표기하지만, [워]에 가까운 발음입니다. [우] 하듯이 입을 내밀고 힘있게 [우어]라고 발음합니다.

- **[우]**   wolf [울프] 늑대 ｜ watch [왓치] 손목시계 ｜ worm [워엄] 벌레

X x [엑스]

대부분 단어에서 단어 끝에 와서 [크스] 소리가 납니다.

- **[크스]**   ax [액스] 도끼 ｜ box [박스] 상자 ｜ six [식스] 6, 여섯

Y y [와이]

원래는 자음으로 분류하지만, 모음의 역할도 하기 때문에 준모음이라고 분류하는 경우도 있습니다. [이] 소리 뒤에 약하게 [야] 소리가 있다고 생각하면 이해하기 쉽습니다.

- **[이야]**   yak [약] 야크 ｜ yellow [옐로우] 노란색 ｜ yacht [야앗] 요트
- **[아이]**   fly [플라이] 날다 ｜ spy [스파이] 스파이 ｜ cry [크라이] 울다

Z z [지-]

단어에서는 우리말의 지읒(ㅈ)과 비슷한 발음인데, 앞서 배운 j와는 차이가 있습니다. j는 느끼하게 뭉개듯 내고, z는 이와 잇몸을 진동하듯 떨면서 냅니다.

- **[즈]**   zoo [주-] 동물원 ｜ zero [지어로우] 0, 영 ｜ zigzag [지그재그] 지그재그로

PART 2. 기초 회화 문법

품사

품사란, 단어의 기능, 형태, 의미에 따라 나누는 것으로, 단어가 가지는 성질을 말합니다. 흔히 영어의 8품사, 또는 9품사라고 합니다. 이는 명사, 대명사, 동사, 형용사, 부사, 전치사, 접속사 그리고 감탄사와 관사를 말합니다. 우리말과 비슷한 역할을 하는 품사도 있지만, 차이가 있거나 우리말에 없는 품사도 있습니다. 이 중 주요한 7개만 간단하게 짚어보겠습니다.

1. 명사

말 그대로 **사람이나 사물 등을 부르는 이름**을 말합니다.
명사는 크게 **셀 수 있는 명사**와 **셀 수 없는 명사**로 나눌 수 있습니다.

① 셀 수 있는 명사 : 셀 수 있기 때문에 단수형과 복수형이 있습니다.
예 • 규칙 : 단수형 + (e)s
　　book [북] 책 → books [북스] 책들
　　student [스튜–든트] 학생 → students [스튜–든츠] 학생들
　　bus [버스] 버스 → buses [버시즈] 버스들
　• 불규칙
　　child [차일드] 아이 → children [칠드런] 아이들
　　foot [푸웃] 발 → feet [피잇] 발들
　　man [맨] 사람 → men [멘] 사람들

② 셀 수 없는 명사 : 특정한 이름을 나타내는 **고유명사**, 형태가 없는 물질을 가리키는 **물질명사**, 눈에 보이지 않는 것을 나타내는 **추상명사**가 있습니다. 이런 명사들은 복수형을 만들 수 없습니다.

@ • 고유명사 – James [제임즈] 제임스(사람 이름), Seoul [소울] 서울(도시 이름)
　• 물질명사 – air [에어] 공기, water [워–터] 물
　• 추상명사 – energy [에너쥐] 에너지, information [인퍼메이션] 정보

2. 대명사

말 그대로 **명사를 대신하는** 말로, 명사의 역할을 할 수 있습니다.
사람을 가리키는 **인칭대명사**와 사물을 가리키는 **지시대명사**(말하는 사람 기준으로
가까운 것을 가리키는 this[디스], 먼 것을 가리키는 that[댓])로 나눌 수 있습니다.

@ 인칭대명사

인칭	수	
1인칭	단수	I [아이] 나
	복수	we [위] 우리
2인칭	단·복수	you [유] 너, 당신
3인칭	단수	he [히] 그
		she [쉬] 그녀
		it [잇] 그것
	복수	they [데이] 그들

3. 동사

동작이나 상태를 표현하는 말입니다. 영어에서는 문장에서 동사의 역할이 가장 크기
때문에 아주 중요한 성분입니다. 상태를 나타내는 동사로는 be동사가 있습니다.

@ I study. [아이 스터디] 나는 공부한다.

I watch TV. [아이 왓치 티–비–] 나는 TV를 본다.
TIP | study와 watch는 동작을 나타내는 동사입니다.

I am a student. [아이 엠 어 스튜–든트] 난 학생이다.
TIP | be동사는 am, is, are 등이 있습니다.

4. 형용사

형용한다는 다른 말로 꾸민다는 뜻입니다. 즉, **명사를 꾸미거나 설명**합니다.

예 **He is a** nice **man.** [히 이즈 어 나이스 맨] 그는 멋진 남자이다.

> TIP | 형용사 nice는 명사 man을 꾸밉니다.

I have four **bags.** [아이 해브 퍼– 백스] 나는 가방을 네 개 가지고 있다.

> TIP | 수량을 나타내는 four도 형용사입니다.

5. 부사

주로 **동사를 수식**하지만, **형용사나 다른 부사도 수식**할 수 있습니다.

예 **I'll call him** now. [아일 커얼 힘 나우] 내가 지금 그에게 전화할게요.

Thank you very much. [쌩 큐 베리 머치] 매우 감사합니다.

6. 전치사

명사나 대명사 앞에 놓이는 말입니다. 전치사는 종류도 많고 용법도 다양한데, 이 중 많이 쓰이는 것 위주로 정리했습니다.

① 때

- **at** [앳] 분, 시 등 짧은 시간

  예 I get up at six. [아이 겟 업 앳 식스] 나는 6시에 일어납니다.

- **in** [인] 오전, 오후, 연, 월, 계절 등 긴 시간

  예 He was born in 1988. [히 워즈 버언 인 나인티인 에잇티에잇] 그는 1988년에 태어났다.

- **on** [언] 요일, 특정한 날 등

  예 I'll see her on Saturday. [아일 시– 허 언 새터데이] 나는 토요일에 그녀를 만날 거예요.

② 장소

- **at** [앳] 건물, 행동의 포인트가 되는 곳

  예 Please wait for me at the bus stop. [플라–즈 웨잇 퍼 미 앳 더 버스 스탑]
  버스 정류장에서 기다려 주세요.

- **in** [인] 도시, 마을

  예 I live in Seoul. [아이 리브 인 소울] 나는 서울에 산다.
- **on** [언] 표면에 접촉한 '~위에'

  예 It is on the desk. [잇 이즈 언 더 데스크] 그것은 책상 위에 있다.

③ 방향
- **to** [투] ~로(도착점)

  예 I go to school. [아이 고우 투 스쿨] 나는 학교에 간다.
- **for** [퍼] ~로(행선지)

  예 This bus is for Incheon. [디스 버스 이즈 퍼 인천] 이 버스는 인천행이다.
- **from** [프럼] ~로부터(출발점)

  예 We started from the hospital. [위 스타알티드 프럼 더 하스피틀]

     우리는 병원에서 출발했다.

7. 접속사

접속사의 가장 큰 역할은 **두 개의 문장을 연결하는 고리**입니다. 물론 문장뿐 아니라 단어와 단어, 구와 구, 절과 절을 연결하기도 합니다. 우리가 잘 알고 있는 and[앤드], but[벗], or[오어]는 물론, that[댓]이나 because[비커-즈] 등도 있습니다.

예 Mary and Jane are good friends. [메리 앤드 제인 아- 굿 프렌즈]

메리와 제인은 좋은 친구이다.

TIP | 같은 성분인 단어 명사(Mary, Jane)가 and로 연결되어 있습니다.

He likes apples but he doesn't like grapes.

[히 라이크스 애플스 벗 히 더즌트 라이크 그레이프스]

그는 사과는 좋아하지만 포도는 좋아하지 않는다.

TIP | 문장과 문장을 연결한 but입니다.

She said that she was tired. [쉬 새드 댓 쉬 워즈 타이얼드]

그녀는 피곤하다고 말했다.

TIP | that절이 문장에서 목적어 역할을 합니다.

He was absent because he was sick. [히 워즈 앱선트 비커-즈 히 워즈 식]

그는 아팠기 때문에 결석했다.

TIP | because는 원인이나 이유를 나타내는 절을 이끄는 접속사입니다.

말 그대로 문장을 구성하는 성분들입니다. 앞서 짚어봤던 품사들이 문장 안에서 여러 가지 역할을 하게 되는데, 그 역할에 따라 주어, 서술어, 목적어, 보어로 나뉩니다.

1. 주어

문장의 주인입니다. 즉, 문장에서 동사(동작 또는 상태)의 주체가 되는 성분을 말합니다. 주로 **명사**나 **대명사**가 이 역할을 합니다.

📝 I am a student. [아이 엠 어 스튜–든트] 나는 학생이다.
> **TIP** | 주어 I는 대명사

> Jane is my girlfriend. [제인 이즈 마이 거얼프렌드] 제인은 내 여자친구이다.
> **TIP** | 주어 Jane은 명사

2. 서술어

문장에서 주어의 동작이나 상태를 나타냅니다. 영어에서는 **동사**만 서술어가 될 수 있습니다.

📝 Tony goes to the school. [토우니 고우즈 투 더 스쿠울] 토니는 학교에 간다.
> **TIP** | 서술어 goes는 동사 go의 3인칭 단수 현재형입니다. 동사는 주어의 인칭과 시제에 따라 변합니다.

> They are cute puppies. [데이 아– 큐–트 퍼피즈] 그것들은 귀여운 강아지들이다.
> **TIP** | 서술어 are는 be동사의 3인칭 복수형입니다. 주어가 3인칭 복수인 they이기 때문입니다.

3. 목적어

행위의 대상이 되는 문장성분으로, 그 위치가 동사 뒤에 온다는 것이 우리말과 가장 큰 차이점입니다. 목적어는 주로 **명사**나 **대명사**가 나옵니다.

📝 You catch a taxi. [유 캣치 어 택시] 당신은 택시를 잡는다.

Monica likes winter. [마니커 라이크스 윈터] 모니카는 겨울을 좋아한다.

4. 보어

말 그대로 **보충**하는 성분을 가리킵니다. **명사**와 **형용사**가 가능합니다.

예 I am a student. [아이 엠 어 스튜–든트] 나는 학생이다.

TIP | 명사 student는 동사 am을 보충하는 보어입니다.

You look happy. [유 룩 해피] 당신은 행복해 보인다.

TIP | 형용사 happy는 동사 look을 보충하는 보어입니다.

기본 문법

1. 문장의 형식

영어 문장을 만드는 형식은 다섯 가지입니다. 이것을 문장의 5형식이라고 하는데, 문장의 요소가 어떻게 구성되느냐에 따라 달라집니다.

TIP | 영어에서는 서술어의 역할을 '동사'가 하기 때문에 서술어라는 용어 대신 동사라고 설명합니다.

1형식		–	–
2형식		보어(주격)	–
3형식	주어 + 동사	목적어	–
4형식		목적어	목적어2(사물)
5형식		목적어	보어(목적격)

① 1형식 : 주어 + 동사

예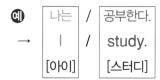

② 2형식 : 주어 + 동사 + 보어

의미가 불완전한 동사를 보어가 보완하는 형식입니다. 이 형식에서는 보어가 없으면 문장이 성립되지 않습니다.

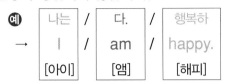

예
→

나는	/	다.	/	행복하
I	/	am	/	happy.
[아이]		[앰]		[해피]

③ 3형식 : 주어 + 동사 + 목적어

목적어가 필요한 동사가 나오는 형식입니다.

예
→

나는	/	가지고 있다.	/	가방을
I	/	have	/	a bag.
[아이]		[해브]		[어 백]

④ 4형식 : 주어 + 동사 + 목적어1(사람) + 목적어2(사물)

동사 중에는 목적어를 두 개 필요로 하는 것이 있습니다. '~에게'에 해당하는 것이 '목적어1', '~을/를'에 해당하는 것이 '목적어2'입니다.

예
→

나는	/	준다.	/	네게	/	장난감을
I	/	give	/	you	/	a toy.
[아이]		[기브]		[유]		[어 터이]

⑤ 5형식 : 주어 + 동사 + 목적어 + 보어

3형식과 비교하면 목적어 뒤에 보어가 더 필요하고, 4형식과 비교하면 보어 한 개가 더 필요한 문형입니다.

TIP l 2형식의 보어는 주어를 보충하는 '주격보어'라면, 5형식의 보어는 목적어를 보충하는 '목적격보어'입니다.

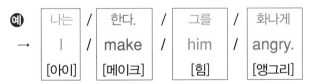

예
→

나는	/	한다.	/	그를	/	화나게
I	/	make	/	him	/	angry.
[아이]		[메이크]		[힘]		[앵그리]

2. 시제

영어 공부를 하다 보면, 우리말과 다르게 표현되는 시제가 무척 어렵게 느껴집니다. 시제를 세분화하면 12가지나 되지만, 간단하게 보면 현재, 과거, 미래 세 가지입니다. 시제는 기본적으로 동사로 결정되기 때문에 동사의 변형을 잘 알아두어야 합니다.

① 현재

현재의 사실이나 느낌, 반복적인 일에 대해 표현하는 시제입니다.

예 I like oranges. [아이 라이크 어–린쥐스]

나는 오렌지를 좋아한다.

He likes oranges. [히 라이크스 어–린쥐스]

그는 오렌지를 좋아한다.

TIP | 주어가 3인칭 단수일 때 '동사원형+(e)s'를 붙입니다. 불규칙형도 있습니다.

② 과거

과거에 일어난 사건이나 행동을 표현할 때 사용하는 시제입니다.

TIP | 동사의 과거형은 '동사의 현재형+(e)d'입니다. 불규칙형도 있습니다.

예 I called him yesterday. [아이 커얼드 힘 예스터데이]

나는 어제 그에게 전화했다.

He went to New York last month. [히 웬트 투 누–여억 래스트 먼쓰]

그는 지난달에 뉴욕에 갔다.

TIP | 동사 call의 과거형은 ed를 붙여 called가 됩니다. (규칙형)
went는 동사 go의 과거형인데, 불규칙형이기 때문에 따로 외워야 합니다.

③ 미래

미래의 계획이나 예상되는 일을 나타낼 때 사용하는 시제입니다.

예 I will call him tomorrow. [아이 윌 커얼 힘 터마–로우]

나는 내일 그에게 전화할 것이다.

He will go to New York next month. [히 윌 고우 투 누–여억 넥스트 먼쓰]

그는 다음 달에 뉴욕으로 갈 것이다.

TIP | 동사의 미래형은 'will+동사원형'으로 합니다.

3. 의문문

사실 여부를 묻거나 의문사를 사용하여 물어보는 문장입니다.

의문문은 Yes/No로 대답할 수 있는 **일반 의문문**과 의문사를 넣어 물어보는 **의문사 의문문**으로 나눌 수 있습니다.

TIP | 의문사는 'when [웬] 언제', 'who [후] 누구', 'where [웨어] 어디', 'what [왓] 무엇', 'why [와이] 왜', 'how [하우] 어떻게' 등이 있습니다.

예 〈평서문〉

- 주어 + be동사 ~　　　　　주어 + 일반동사 ~

  You are sick.　　　　　　He likes oranges.

  [유 아- 식]　　　　　　　[히 라이크스 어-린쥐스]

  너는 아프다.　　　　　　　그는 오렌지를 좋아한다.

〈일반 의문문〉

- be동사 + 주어 ~?　　　　do[does/did] + 주어 + 동사 ~?

  Are you sick?　　　　　　Does he like oranges?

  [아- 유 식]　　　　　　　[더즈 히 라이크 어-린쥐스]

  너는 아프니?　　　　　　　그는 오렌지를 좋아하니?

〈의문사 의문문〉

- 의문사 + be동사 + 주어 ~?　　의문사 + do[does/did] + 주어 + 동사 ~?

  Why are you sick?　　　　What does he like?

  [와이 아- 유 식]　　　　　[왓 더즈 히 라이크]

  너는 왜 아프니?　　　　　　그는 무엇을 좋아하니?

4. 부정문

사실을 부정하는 문장으로, not을 사용하여 나타냅니다.

예 You are not s student. [유 아- 낫 어 스튜-든트]

너는 학생이 아니다.

I don't have a bag. [아이 돈트 해 버 백]

나는 가방을 가지고 있지 않다.

TIP | be동사일 경우에는 뒤에 not을 붙이고, 일반동사인 경우에는 동사를 동사원형으로 바꾸고 do not(don't), does not(doesn't), did not(didn't)을 동사 앞에 붙입니다.

CHAPTER 01

출발
Departure

UNIT 1 기내 좌석 찾기

Can I see your boarding passes? 탑승권을 보여 주시겠어요?
[캔 아이 시- 유어 버얼딩 패시즈]

Do we have a window seat? 창가 좌석인가요?
[두 위 해 버 윈도우 시잇]

UNIT 2 기내식

Would you like some dinner? 저녁 식사 드릴까요?
[우 쥬 라이크 섬 디너]

What do you have? 무엇이 있죠?
[왓 두 유 해브]

UNIT 3 입국 심사

Where are you traveling from? 어디서 오셨습니까?
[웨어 아- 유 트레블링 프럼]

How long will you stay in the U.S.? 미국에 얼마나 머무실 겁니까?
[하우 러엉 윌 유 스테이 인 디 유- 에스]

기내 좌석 찾기

급하게 항공권을 구하느라 국적기를 예약하지 못한 이동철 씨.
출국 수속까지는 문제가 없었는데, 기내에 올라 외국인 승무원들이 반갑게 인사를 건네
는 모습을 보니 당장 좌석을 찾기 위해서라도 영어를 하기 시작해야겠습니다.

배울 내용 미리보기

승무원   어서 오세요. **01** Can I see **your boarding passes?**

이동철   여기 있습니다.

승무원   감사합니다. 좌석이 22A와 22B이군요.

            앞으로 쭉 가셔서 오른쪽입니다.

박선희   **02** Do we have **a window seat?**

승무원   22A는 창가 좌석이고요. 22B는 통로 옆입니다.

박선희   감사합니다.

승무원   즐거운 비행 되세요!

Can I see your boarding passes?

[캔 아이 시- 유어 버얼딩 패시즈]

탑승권을 보여 주시겠어요?

직역하면 '내가 당신의 탑승권을 볼 수 있습니까?'라는 의미입니다.
'**Can I see~?**' 문형은 상대방에게 '**~을 보여 주시겠어요?**'라고 할 때 흔히 쓰는 표현입니다.
정중하게 상대방의 허락을 구하거나 부탁할 때 많이 사용하는 표현이기 때문에 꼭 기억해 두세요.

기본 패턴 익히기

Q

Can I see your boarding passes?   탑승권을 보여 주시겠어요?

[캔 아이 시- 유어 버얼딩 패시즈]

Can I see his mail?   그의 편지를 보여 주시겠어요?

[캔 아이 시- 히스 메일]

Can I see your ticket?   당신의 표를 보여 주시겠어요?

[캔 아이 시- 유어 티킷]

Can I see her card?   그녀의 카드를 보여 주시겠어요?

[캔 아이 시- 허 카알드]

A

Here you go.   여기요.
[히어 유 고우]

Sure.   물론이죠.
[슈어]

Yes.   네.
[예스]

Sorry, I don't have it.   죄송합니다만, 없습니다.
[서-리 아이 도운트 해브 잇]

✱ plus tip   Can I see[캔 아이 시-]~? 대신 May I see[메이 아이 시-]~? 표현도 같은 뜻으로 쓰입니다.

✱ 단어   **boarding pass** [버얼딩 패스] 탑승권   **mail** [메일] 편지, 메일   **ticket** [티킷] 표   **sure** [슈어] 확신하는

Do we have a window seat?

[두 위 해 버 윈도우 시잇]

창가 좌석인가요?

- -

'Do we have~?'는 직역하면 '우리가 ~을 가지고 있나요?'라는 의미입니다.
일행이 없고 혼자이면 **Do I have~**[두 아이 해브]**?**'라고 합니다. 이 표현은 무엇을 확인하고자 할 때 사용하는 표현입니다.

기본 패턴 익히기

Q

Do we have a window seat?   창가 좌석인가요?
[두 위 해 버 윈도우 시잇]

Do I have a good view?   전망이 좋은 방인가요?
[두 아이 해 버 굿 뷰–]

Do I have round-trip tickets?   왕복표인가요?
[두 아이 해브 라운드 트립 티킷츠]

Do I have a double bed?   더블 침대인가요?
[두 아이 해 버 더블 베드]

A

22A is a window seat.   22A가 창가 좌석입니다.
[트웨니투– 에이 이즈 어 윈도우 시잇]

Yes, you do.   예, 그렇습니다.
[예스 유 두]

I'm afraid you don't.   죄송하지만 아닙니다.
[아임 어프레이드 유 도운트]

No, you have a single.   아니요, 싱글 침대입니다.
[노우 유 해 버 싱글]

 단어   window seat [윈도우 시잇] 창가 좌석   view [뷰–] 전망   round-trip ticket [라운드 트립 티킷] 왕복표
double bed [더블 베드] 큰 사이즈의 2인용 침대   afraid [어프레이드] 유감스러운   single [싱글] 1인용의

승무원	어서 오세요. 탑승권을 보여 주시겠어요?

Welcome aboard. Can I see your boarding passes?

[웰컴 어버얼드 캔 아이 사- 유어 버얼딩 패시즈]

이동철	여기 있습니다.

Here you go.

[히어 유 고우]

승무원	감사합니다. 좌석이 22A와 22B이군요.

Thank you. You are seated in 22A and 22B.

[쌩 큐 유 아- 사-티드 인 트웨니투- 에이 앤드 트웨니투- 비-]

앞으로 쭉 가셔서 오른쪽입니다.

Go straight ahead and to the right.

[고우 스트레잇 어헤드 앤드 투 더 라잇]

박선희	창가 좌석인가요?

Do we have a window seat?

[두 위 해 버 윈도우 시잇]

승무원	22A는 창가 좌석이고요. 22B는 통로 옆입니다.

22A is a window seat. 22B is next to the aisle.

[트웨니투- 에이 이즈 어 윈도우 시잇 트웨니투- 비- 이즈 넥스트 투 디 아일]

박선희	감사합니다.

Thank you.

[쌩 큐]

승무원	즐거운 비행 되세요!

Enjoy your flight!

[인조이 유어 플라잇]

✳ 단어 welcome [웰컴] 환영하다 aboard [어버얼드] 탑승한 be seated in [비- 사-티드 인] ~에 앉다 straight [스트레잇] 똑바로 ahead [어헤드] 앞으로 right [라잇] 오른쪽 next to [넥스트 투] ~바로 옆에 aisle [아일] 통로 enjoy [인조이] 즐기다 flight [플라잇] 비행

연습문제 확인하기

I. 보기의 주어진 단어를 참고하여 문장을 만들어 보세요.

1   보기 │ your ticket / her card / his mail

   ① Can I see ＿＿＿＿＿＿＿＿＿＿? (그의 편지)

   ② Can I see ＿＿＿＿＿＿＿＿＿＿? (당신의 표)

   ③ Can I see ＿＿＿＿＿＿＿＿＿＿? (그녀의 카드)

2   보기 │ a good view / a double bed / round-trip tickets

   ① Do I have ＿＿＿＿＿＿＿＿＿＿? (전망이 좋은 방)

   ② Do I have ＿＿＿＿＿＿＿＿＿＿? (왕복표)

   ③ Do I have ＿＿＿＿＿＿＿＿＿＿? (더블 침대)

II. 빈칸에 알맞은 단어를 보기에서 골라 써 넣으세요.

보기 │ straight   Enjoy   next   Here

1 여기 있습니다. ⋯ ＿＿＿＿＿＿＿ you go.

2 앞으로 쭉 가세요. ⋯ Go ＿＿＿＿＿＿＿ ahead.

3 22B는 통로 옆입니다. ⋯ 22B is ＿＿＿＿＿＿＿ to the aisle.

4 즐거운 비행 되세요! ⋯ ＿＿＿＿＿＿＿ your flight!

III. 다음 문장을 해석해 보세요.

1 Can I see your boarding passes?

   ⋯ ＿＿＿＿＿＿＿＿＿＿＿＿＿＿＿＿＿＿

2 Do we have a window seat?

   ⋯ ＿＿＿＿＿＿＿＿＿＿＿＿＿＿＿＿＿＿

유용한 표현 더 배워보기

aisle seat 통로 좌석
[아일 시잇]

blanket 담요
[블랭킷]

air sickness bag 멀미용 봉투
[에어 식니스 백]

cabin crew 객실 승무원
[캐빈 크루—]

first class 일등석
[퍼얼스트 클래스]

business class 비즈니스석
[비즈너스 클래스]

economy class 일반석
[이카너미 클래스]

carry on 기내 휴대 수화물
[캐리 언]

Q. 묻는 표현	A. 답하는 표현
● 자리를 바꿀 수 있을까요? **Can I change my seat?** [캔 아이 체인쥐 마이 시잇]	네, 36C로 옮겨 드릴게요. **Sure, I can move you to 36C.** [슈어 아이 캔 무—브 유 투 써얼티식스 씨—] 다른 빈 좌석이 없습니다. **There are no other available seats.** [데어 아— 노우 어더 어베일러블 시잇츠]
● 통로 좌석으로 드릴까요, 창가 좌석으로 드릴까요? **Would you like an aisle seat or a window seat?** [우 쥬 라이크 언 아일 시잇 오어 어 윈도우 시잇]	창가 좌석으로 주세요. **A window seat please.** [어 윈도우 시잇 플라—즈]

✳ **단어**　　**change** [체인쥐] 바꾸다　**move to** [무—브 투] ~로 옮기다　**other** [어더] 다른　**available** [어베일러블] 이용할 수 있는

이동철 씨는 기내 오락 시스템에서 영화를 보고 있습니다. 그러던 중, 승무원들이 승객들에게 기내식을 제공하기 시작하는 것을 보게 됩니다.

배울 내용 미리보기

승무원	**03 Would you like some dinner?**
박선희	네. **04 What do you have?**
승무원	닭고기와 감자 또는 생선과 밥이 있습니다.
박선희	생선으로 주세요.
이동철	닭고기로 할게요.
박선희	그리고 레드 와인 주세요.

Would you like some dinner?

[우 쥬 라이크 섬 디너]

저녁 식사 드릴까요?

'would like'는 '원하다'라는 의미로, want보다 정중한 표현입니다.
의문형인 **'would you like~?'**는 '**~을 원하시나요?**'라는 뜻으로, 상대방에게 권유하는 표현이 됩니다.

기본 패턴 익히기

Q

Would you like some dinner?
[우 쥬 라이크 섬 디너]

저녁 식사 드릴까요?

Would you like a cup of coffee?
[우 쥬 라이크 어 컵 어브 커-피]

커피 한 잔 하실래요?

Would you like something to drink?
[우 쥬 라이크 섬씽 투 드링크]

마실 것 좀 드릴까요?

Would you like something to read?
[우 쥬 라이크 섬씽 투 리-드]

읽을 것 좀 드릴까요?

A

Yes, I would. [예스 아이 우드]

예, 원해요.

Yes, please. [예스 플리-즈]

예, 주세요.

No, I wouldn't. [노우 아이 우든트]

아니요, 괜찮습니다.

No, thank you. [노우 쌩 큐]

고맙지만 괜찮습니다.

✳ plus tip 뒤에 동사가 올 때는 to와 함께 사용하여 would like to의 형태가 되며 '~하기를 원하다, ~하고 싶다'라는 의미가 됩니다. (챕터 2 표현 11 p.64 참고)

✳ 단어 **some** [섬] 무엇인가의 **dinner** [디너] 저녁 식사 **a cup of** [어 컵 어브] 한 잔의 **something** [섬씽] 무언가 **drink** [드링크] 마시다 **read** [리-드] 읽다

What do you have?

[왓 두 유 해브]

무엇이 있죠?

'**What do you have?**'는 직역하면 '**무엇을 가지고 있나요?**'라는 뜻입니다. 뒤에 '~하기 위한 것'이라는 의미를 나타내려면 'to + 동사원형'을 붙입니다.

Q

What do you have?
[왓 두 유 해브]

무엇이 있죠?

What do you have to eat?
[왓 두 유 해브 투 이잇]

먹을 것으로 무엇이 있죠?

What do you have to read?
[왓 두 유 해브 투 리-드]

읽을 것으로 무엇이 있죠?

What do you have to drink?
[왓 두 유 해브 투 드링크]

마실 것으로 무엇이 있죠?

A

We have fish and rice. [위 해브 피쉬 앤드 라이스]

생선과 밥이 있습니다.

We have some cookies. [위 해브 섬 쿠키즈]

쿠키가 좀 있습니다.

We have five kinds of magazines.
[위 해브 파이브 카인즈 어브 매거지인즈]

잡지가 다섯 가지 있습니다.

We have coffee and soft drinks.
[위 해브 커-피 앤드 서-프트 드링크스]

커피와 탄산음료가 있습니다.

 단어   fish [피쉬] 생선   rice [라이스] 밥, 쌀   cookie [쿠키] 쿠키   kind [카인드] 종류   magazine [매거지인] 잡지
soft drink [서-프트 드링크] 탄산음료

승무원	저녁 식사 드릴까요?

Would you like some dinner?

[우 쥬 라이크 섬 디너]

박선희	네. 무엇이 있죠?

Yes. What do you have?

[예스 왓 두 유 해브]

승무원	닭고기와 감자 또는 생선과 밥이 있습니다.

We have chicken and potatoes or fish and rice.

[위 해브 치킨 앤드 퍼테이토우즈 오어 피쉬 앤드 라이스]

박선희	생선으로 주세요.

Fish please.

[피쉬 플라-즈]

이동철	닭고기로 할게요.

I'll have the chicken.

[아일 해브 더 치킨]

박선희	그리고 레드 와인 주세요.

And red wine, please.

[앤드 레드 와인 플라-즈]

✻ 단어   chicken [치킨] 닭(고기)   potato [퍼테이토우] 감자   wine [와인] 와인, 포도주

연습문제 확인하기

I. 보기의 주어진 단어를 참고하여 문장을 만들어 보세요.

1　보기 │ something to drink / something to read / a cup of coffee

　① Would you like ＿＿＿＿＿＿＿＿? (커피 한 잔)

　② Would you like ＿＿＿＿＿＿＿＿? (마실 것 좀)

　③ Would you like ＿＿＿＿＿＿＿＿? (읽을 것 좀)

2　보기 │ to eat / to drink / to read

　① What do you have ＿＿＿＿＿＿＿＿? (먹을 것)

　② What do you have ＿＿＿＿＿＿＿＿? (읽을 것)

　③ What do you have ＿＿＿＿＿＿＿＿? (마실 것)

II. 빈칸에 알맞은 단어를 보기에서 골라 써 넣으세요.

보기 │ please 　　potatoes 　　And 　　have

1　닭고기와 감자가 있습니다. ⋯▸ We have chicken and ＿＿＿＿＿＿.

2　생선으로 주세요. ⋯▸ Fish ＿＿＿＿＿＿.

3　닭고기로 할게요. ⋯▸ I'll ＿＿＿＿＿ the chicken.

4　그리고 레드 와인 주세요. ⋯▸ ＿＿＿＿＿ red wine, please.

III. 다음 문장을 해석해 보세요.

1　Would you like some dinner?

　⋯▸ ＿＿＿＿＿＿＿＿＿＿＿＿＿＿＿

2　What do you have?

　⋯▸ ＿＿＿＿＿＿＿＿＿＿＿＿＿＿＿

유용한 표현 더 배워보기

단어만 알아도 편해요!

snack 간식
[스낵]

orange juice 오렌지 주스
[어- 린쥐 쥬-스]

tea 차
[티-]

newspaper 신문
[뉴-즈페이퍼]

red pepper paste 고추장
[레드 페퍼 페이스트]

beef 소고기
[비-프]

water 물
[워-터]

bread 빵
[브레드]

이런건 표현도 있어요!

Q. 묻는 표현	A. 답하는 표현
● 식사는 언제 주나요? **When will you serve the meal?** [웬 윌 유 서얼브 더 미일]	식사는 20분 후에 드립니다. **We will serve dinner in 20 minutes.** [위 윌 서얼브 디너 인 트웨니 미닛츠]
● 마실 건 무엇으로 드릴까요? **What would you like to drink?** [왓 우 쥬 라이크 투 드링크] **Something to drink?** [섬씽 투 드링크]	오렌지 주스 주세요. **Orange juice, please.** [어- 린쥐 쥬-스 플리-즈]

✱ **단어**　　serve [서얼브] (음식을) 제공하다　meal [미일] 식사

UNIT 3

입국 심사

15시간의 긴 비행을 마치고 이동철 씨와 박선희 씨는 드디어 뉴욕에 도착했습니다.
부부는 입국 심사를 위해 긴 줄을 서고 있습니다.

배울 내용 미리보기

출입국 관리관	여권 주세요. **05 Where are you traveling from?**
이동철	대한민국 서울이요.
출입국 관리관	네. **06 How long will you stay in the U.S.?**
이동철	겨우 일주일이랍니다.
출입국 관리관	자, 미국에 오신 것을 환영합니다.
이동철	감사합니다.

Where are you traveling from?

[웨어 아- 유 트래블링 프럼]

어디서 여행 오셨습니까?

'Where are you from?'은 **'어디서 오셨나요?'**라는 뜻으로, 출신지나 출발지에 대한 질문인데, from 앞에는 이동을 의미하는 동사의 ing형을 넣어 좀 더 구체적으로 표현할 수 있습니다.

기본 패턴 익히기

Q

Where are you traveling from?   어디서 여행 오셨어요?

[웨어 아- 유 트래블링 프럼]

Where are you from?   어디서 오셨어요? / 어디 출신이에요?

[웨어 아- 유 프럼]

Where are you coming from?   어디서 오셨어요?

[웨어 아- 유 커밍 프럼]

Where are you flying from?   어디서 날아 오셨어요?

[웨어 아- 유 플라잉 프럼]

A

Seoul, South Korea. [소울 사우쓰 커리아]   대한민국 서울이요.

I'm from Japan. [아임 프럼 재팬]   일본에서 왔어요. / 일본인입니다.

I'm coming from Busan. [아임 커밍 프럼 부산]   부산에서 왔어요.

I'm flying from France. [아임 플라잉 프럼 프랜스]   프랑스에서 왔어요.

＊ plus tip   from[프럼] 대신 to[투]를 쓰면 어디로 가는지 목적지를 묻는 표현이 됩니다. 예를 들면 'Where are you flying to?'라고 하면 '(비행기를 타고) 어디로 가세요?'라는 뜻이 됩니다.

＊ 단어   travel [트래블] 여행하다 fly [플라이] 날다 Japan [재팬] 일본 France [프랜스] 프랑스

06 How long will you stay in the U.S.?
[하우 러엉 윌 유 스테이 인 디 유– 에스]

미국에 얼마나 머무실 겁니까?

'How long will you stay?'는 '얼마나 오래 머물 건가요?'라는 의미로, 체류 기간을 묻는 표현입니다.
뒤에 'in the U.S.'와 같이 장소를 나타내는 말을 넣어 사용할 수 있습니다.

기본 패턴 익히기

Q

How long will you stay in the U.S.?
[하우 러엉 윌 유 스테이 인 디 유– 에스]

미국에 얼마나 머무르실 건가요?

How long will you stay in Seoul?
[하우 러엉 윌 유 스테이 인 서울]

서울에 얼마나 머무르실 건가요?

How long will you stay at home?
[하우 러엉 윌 유 스테이 앳 호움]

집에 얼마나 머무르실 건가요?

How long will you stay at the park?
[하우 러엉 윌 유 스테이 앳 더 파알크]

공원에 얼마나 있을 건가요?

A

Only one week.
[오운리 원 위익]

겨우 일주일이랍니다.

For one month.
[퍼 원 먼쓰]

한 달 동안요.

I'll stay for 3 days.
[아일 스테이 퍼 쓰리– 데이즈]

3일 동안 머물 겁니다.

Maybe for 2 hours.
[메이비– 퍼 투– 아워즈]

아마 두 시간이요.

✳ plus tip   기간을 표현할 때는 for를 사용하여 '~동안'을 나타냅니다.

✳ 단어   stay [스테이] 머무르다   only [오운리] 겨우, 단지   park [파알크] 공원   week [위익] 주(週)   month [먼쓰] 달, 월(月)   maybe [메이비–] 아마도   hour [아워] 시간

출입국 관리관	여권 주세요. 어디서 여행 오셨습니까? **Passports please. Where are you traveling from?** [패스퍼얼츠 플라–즈 웨어 아– 유 트래블링 프럼]
이동철	대한민국 서울이요. Seoul, South Korea. [소울 사우쓰 커라–아]
출입국 관리관	네. 미국에 얼마나 머무실 겁니까? **I see. How long will you stay in the U.S.?** [아이 사– 하우 러엉 윌 유 스테이 인 디 유– 에스]
이동철	겨우 일주일이랍니다. Only one week. [오운리 원 위익]
출입국 관리관	자, 미국에 오신 것을 환영합니다. Well, welcome to America. [웰 웰컴 투 어메리커]
이동철	감사합니다. Thank you. [쌩 큐]

＊단어   passport [패스퍼얼트] 여권   well [웰] 자, 저(대화를 마무리하는 표시로)   America [어메리커] 미국

연습문제 확인하기

I. 보기의 주어진 단어를 참고하여 문장을 만들어 보세요.

1 | 보기 | coming / flying / traveling

① Where are you _____ from? (여행 오다)

② Where are you _____ from? (오다)

③ Where are you _____ from? (날아 오다)

2 | 보기 | in Seoul / at the park / at home

① How long will you stay _____ ? (서울에)

② How long will you stay _____ ? (집에)

③ How long will you stay _____ ? (공원에)

II. 빈칸에 알맞은 단어를 보기에서 골라 써 넣으세요.

| 보기 | see　　Only　　welcome　　Passports

1 여권 주세요. ⋯▸ _____ please.

2 네.(알겠어요) ⋯▸ I _____ .

3 겨우 일주일이랍니다. ⋯▸ _____ one week.

4 자, 미국에 오신 것을 환영합니다. ⋯▸ Well, _____ to America.

III. 다음 문장을 해석해 보세요.

1 Where are you traveling from?

⋯▸ _____

2 How long will you stay in the U.S.?

⋯▸ _____

단어만 알아도 편해요!

transit counter 환승 카운터
[트랜짓 카운터]

local time 현지 시간
[로우컬 타임]

sightseeing 관광
[사잇사-잉]

on business 사업 차
[언 비즈니스]

landing card 입국신고서
[랜딩 카알드]

declaration card 세관신고서
[데클러레이션 카알드]

destination 목적지
[데스티네이션]

이런건 표현도 있어요!

Q. 묻는 표현	A. 답하는 표현

● 방문 목적이 무엇입니까?

What's the purpose of your visit?
[왓츠 더 퍼얼포즈 어브 유어 비짓]

What are you here for?
[왓 아- 유 히어 퍼]

관광하러 왔습니다.

I am here for sightseeing.
[아이 엠 히어 퍼 사잇사-잉]

사업 차 왔습니다.

I'm here on business.
[아임 히어 언 비즈너스]

● 숙소는 어디입니까?

Where are you going to stay?
[웨어 아- 유 고우잉 투 스테이]

H 호텔에 머물 겁니다.

At the H hotel.
[앳 디 에이취 호우텔]

I'm going to be staying at the H hotel.
[아임 고우잉 투 비- 스테잉 앳 디 에이취 호우텔]

✱ 단어   **purpose** [퍼얼포즈] 목적   **visit** [비짓] 방문하다   **here** [히어] 여기, 이곳

알아두면 도움이 되는 여행정보

여행 짐을 꾸릴 때는 요령 있게!

테러나 사고가 빈번해지면서 비행기 탑승수속 시 수화물에 넣을 수 없는 항목이 많아지고 있습니다. 특히 액체류나 흉기가 될 수 있는 물품들은 제한 또는 금지되고 있는데요.

우리나라 사람들이 외국에 입국할 때 많이 걸릴 만한 것들이 김치나 장류 또는 미숫가루 같은 가루들이 있습니다. 특히 미숫가루를 일반 비닐봉지에 담아간다면 마약류로 오인 받기 쉽습니다. 이럴 때는 팩으로 포장된 상품을 가져가는 것이 좋습니다.

액체 100ml 이하까지는 기내 반입이 가능한데요, 용기는 남은 양과 상관없이 100ml 이하의 것이고, 이 용기를 지퍼백에 넣어야 하는데, 지퍼백 크기는 20cm*20cm여야 합니다. 또 이러한 지퍼백은 1인 1개만 허용됩니다.
비행 시간 동안 반드시 챙겨야 할 약이나 간단하게 사용할 화장품 등 꼭 가져가야 할 것만 작은 휴대용기를 이용하여 꾸려 보세요.

© 김정희

CHAPTER 02

숙박
The hotel

UNIT 1 체크인

Do you have a reservation? 예약하셨어요?
[두 유 해 버 레저베이션]

Here is your key card. 여기 카드키 있습니다.
[히어 이즈 유어 카– 카알드]

UNIT 2 시설 이용

They have a huge swimming pool. 거대한 수영장이 있어요.
[데이 해 버 휴–즈 스위밍 푸울]

I hope they have laundry service. 세탁 서비스가 있으면 좋겠네요.
[아이 호웁 데이 해브 러언드리 서얼비스]

UNIT 3 체크아웃

I would like to check out, please. 체크아웃 하고 싶은데요.
[아이 우드 라이크 투 첵 아웃 플라–즈]

I'll pay by credit card. 신용카드로 지불할게요.
[아일 페이 바이 크레딧 카알드]

체크인

공항에서 호텔로 향하는 리무진 버스를 탄 이동철 박선희 씨. 드디어 뉴욕에 도착했다는 기쁨에 흥분되긴 하지만, 역시 장시간 비행으로 피곤합니다. 출국 전 인터넷으로 미리 예약해 둔 호텔에 들어섭니다.

배울 내용 미리보기

호텔직원	좋은 저녁입니다! **07 Do you have a reservation?**
박선희	네, 인터넷으로 예약했어요. 이동철 박선희입니다.
호텔직원	(컴퓨터에서) 네, 예약을 확인했습니다. 일주일인가요?
이동철	맞습니다.
호텔직원	좋습니다. **08 Here is your key card.**
	1102호실입니다.
박선희	감사합니다.

Do you have a reservation?

[두 유 해 버 레저베이션]

예약하셨어요?

'Do you have~?'는 직역하면 **'~을 가지고 있나요?'**입니다.
'Do you have a reservation?'은 사전에 예약한 내용이 있는지 묻는 질문입니다. 여기에서 동사 **have**는
'가지다' 외에도 '(음식을) 먹다', '(질병에) 걸리다' 등의 뜻도 있습니다.

기본 패턴 익히기

Q

Do you have a reservation?
[두 유 해 버 레저베이션]

예약하셨어요?

Do you have an appointment?
[두 유 해 번 어퍼인트먼트]

약속하셨어요?

Do you have a cold?
[두 유 해 버 코울드]

감기 걸렸어요?

Did you have lunch?
[디 쥬 해브 런치]

점심 식사 드셨어요?

A

Yes, we booked a room online.
[예스 위 북트 어 루움 언라인]

네, 인터넷으로 예약했어요.

Yes, I'll meet Mr. Smith at 2 o'clock.
[예스 아일 미잇 미스터 스미쓰 앳 투- 어클락]

네, 2시에 스미스 씨를 만나기로 했습니다.

No, I'm okay.
[노우 아임 오우케이]

아니요, 괜찮아요.

No. Will you have lunch with me?
[노우 월 유 해브 런치 위드 미]

아니요. 저랑 같이 점심 식사 하실래요?

 단어   reservation [레저베이션] 예약 appointment [어퍼인트먼트] 약속 cold [코울드] 감기 lunch [런치] 점심 book [북] 예약하다 online [언라인] 인터넷으로 meet [미잇] 만나다 o'clock [어클락] (시간을 나타내는 숫자 뒤에서) ~시

52

Here is your key card.
[히어 이즈 유어 카- 카알드]

여기 카드키 있습니다.

'Here is ~'는 '**여기 ~가 있습니다**'라는 의미입니다.
이때 주어는 here가 아니라 be동사 뒤에 나오는 명사 **your key card**이며, 명사의 수에 따라 be동사의
수가 결정됩니다.

기본 패턴 익히기

Q

Here is your key card.
[히어 이즈 유어 카- 카알드]

여기 카드키 있습니다.

Here is your receipt.
[히어 이즈 유어 리시잇]

여기 (당신의) 영수증 있습니다.

Here is your bag.
[히어 이즈 유어 백]

여기 (당신의) 가방 있습니다.

Here are the letters from Anna.
[히어 아- 더 레터스 프럼 애나]

여기 안나가 보낸 편지들이 있습니다.

A

Thanks.
[쌩스]

고마워요.

Thank you.
[쌩 큐]

감사합니다.

Thank you very much.
[쌩 큐 베리 머치]

매우 감사합니다.

Thanks a lot.
[쌩스 어 랏]

아주 고마워요.

✱ plus tip 간단하게 '여기 있습니다.'라고 할 때는 'Here it is.' 또는 'Here you are.'라고 하면 됩니다.

✱ 단어 key card [카- 카알드] 카드키 receipt [리시잇] 영수증 letter [레터] 편지 much [머치] 많은
a lot [어 랏] 매우

호텔직원 좋은 저녁입니다! 예약하셨어요?

Good evening! Do you have a reservation?

[굿 아-브닝 두 유 해 버 레저베이션]

박선희 네, 인터넷으로 예약했어요. 이동철 박선희입니다.

Yes, we booked a room online. Mr. and Mrs. Lee.

[예스 위 북트 어 루움 언라인 미스터 앤드 미시즈 리-]

호텔직원 (컴퓨터에서) 네, 예약을 확인했습니다. 일주일인가요?

Yes, I see your reservation. One week?

[예스 아이 사- 유어 레저베이션 원 위익]

이동철 맞습니다.

That's right.

[댓츠 라잇]

호텔직원 좋습니다. 여기 카드키 있습니다.

Excellent. Here is your key card.

[엑셀런트 히어 이즈 유어 카- 카알드]

1102호실입니다.

You are in room 1102.

[유 아- 인 루움 일레븐 오우 투-]

박선희 감사합니다.

Thanks.

[쌩스]

✱ 단어 evening [아-브닝] 저녁 excellent [엑셀런트] 아주 좋은. 훌륭한

연습문제 확인하기

I. 보기의 주어진 단어를 참고하여 문장을 만들어 보세요.

1 보기 | a cold / lunch / an appointment

① Do you have _____ ? (약속)

② Do you have _____ ? (감기)

③ Did you have _____ ? (점심 식사)

2 보기 | your bag / your receipt / the letters

① Here is _____ . (영수증)

② Here is _____ . (가방)

③ Here are _____ from Anna. (편지들)

II. 빈칸에 알맞은 단어를 보기에서 골라 써 넣으세요.

보기 | in   see   right   booked

1 인터넷으로 예약했어요. ···▶ We _____ a room online.

2 예약을 확인했습니다. ···▶ I _____ your reservation.

3 맞습니다. ···▶ That's _____ .

4 1102호실입니다. ···▶ You are _____ room 1102.

III. 다음 문장을 해석해 보세요.

1 Do you have a reservation?

···▶ _____

2 Here is your key card.

···▶ _____

유용한 표현 더 배워보기

single room 싱글룸
[싱글 루움]

double room 더블룸
[더블 루움]

twin room 트윈룸
[트윈 루움]

suite 스위트룸
[스윗]

breakfast voucher 조식 쿠폰
[브렉퍼스트 바우처]

include 포함하다
[인클루–드]

hotel lobby 호텔 로비
[호우텔 라비]

complimentary 무료제공
[캄플리먼터리]

이것건 표현도 있어요!

Q. 묻는 표현	A. 답하는 표현
● 몇 시에 체크인 할 수 있어요? **What time can I check in?** [왓 타임 캔 아이 첵 인]	체크인은 오전 11시에 할 수 있어요. **Check-in is at 11 a.m.** [첵 인 이즈 앳 일레븐 에이엠]
● 어떤 방을 원하십니까? **What kind of room do you have in mind?** [왓 카인드 어브 루움 두 유 해브 인 마인드]	욕실이 있는 싱글룸으로 부탁합니다. **I'd like a single room with bath.** [아드 라이크 어 싱글 루움 위드 배쓰] 바다가 보이는 방으로 부탁합니다. **I'd like a room with a view of the ocean.** [아드 라이크 어 루움 위드 어 뷰– 어브 디 오우션]

✱ 단어   for [퍼] ~동안   check in [첵 인] 체크인하다   have in mind [해브 인 마인드] ~의 일을 생각하고 있다
         bath [배쓰] 욕조   ocean [오우션] 바다

시설 이용

뉴욕에서 첫 밤을 보낸 이동철 씨와 박선희 씨. 아침에 일찍 일어난 박선희 씨는 호텔 로비에 있던 선물 가게를 둘러보고 있는데, 늦게 일어난 이동철 씨가 가게에 들어옵니다.

배울 내용 미리보기

이동철   뭘 봤소?

박선희   **⁰⁹ They have a huge swimming pool.**

이동철   사우나도 있더군요. 그리고 아일랜드식 퍼브도.

박선희   **¹⁰ I hope they have laundry service.**

판매원   네 있습니다. 방에 세탁 바구니들이 있어요.

이동철   오, 고마워요. 여기에는 멋진 시설들이 많이 있군요.

They have a huge swimming pool.
[데이 해 버 휴-즈 스위밍 푸울]

거대한 수영장이 있더라고요.

'**~가 있다**'라는 의미를 나타낼 때 **have** 동사를 사용할 수 있는데, 이때 주어는 보통 사물이며, '~가 있다'라는 의미로 해석하는 것이 자연스럽습니다. 주어에 따라 **have**는 3인칭 단수형인 **has**가 되기도 합니다.

Q

They have a huge swimming pool.
[데이 해 버 휴-즈 스위밍 푸울]

거대한 수영장이 있어요.

They have a tennis court.
[데이 해 버 테니스 커얼트]

테니스장이 있어요.

It has 100 rooms.
[잇 해즈 원 헌드레드 루움스]

방이 100개 있어요.

My school has a big auditorium.
[마이 스쿨 해 저 빅 어디터리엄]

우리 학교에 큰 강당이 있어요.

A

Excellent! [엑셀런트]

멋진데!

Wow, amazing! [와우 어메이징]

와, 놀라운데!

Really? [리얼리]

정말?

Wonderful! [원더펄]

아주 멋진데!

> **✳ plus tip**   'There is[are]~'도 '~가 있다'라는 의미로 사용합니다. 즉 There is a huge swimming pool.
> [데어 이즈 어 휴-즈 스위밍 푸울]도 같은 뜻입니다.

> **✳ 단어**   huge [휴-즈] 거대한   swimming pool [스위밍 푸울] 수영장   tennis court [테니스 커얼트] 테니스장
> auditorium [어디터리엄] 강당   amazing [어메이징] 놀라운   wonderful [원더펄] 아주 멋진

I hope they have laundry service.

[아이 호웁 데이 해브 러언드리 서얼비스]

세탁 서비스가 있으면 좋겠네요.

'I hope ~'는 '~을 바라다'라는 뜻으로 소망을 나타냅니다.
'I hope + 사람 + have ~'의 문형으로 **'OO에게 ~가 있으면 좋겠다**'라는 의미를 나타냅니다.

기본 패턴 익히기

Q

I hope they have laundry service.
[아이 호웁 데이 해브 러언드리 서얼비스]

세탁 서비스가 있으면 좋겠어요.

I hope you have room service.
[아이 호웁 유 해브 루움 서얼비스]

룸 서비스가 있으면 좋겠어요.

I hope it has a large parking-lot.
[아이 호웁 잇 해 저 라알지 파알킹 랏]

넓은 주차공간이 있으면 좋겠어요.

I hope you have a good job.
[아이 호웁 유 해 버 굿 잡]

당신이 좋은 직업을 가지면 좋겠어요.

A

I hope so.
[아이 호웁 소우-]

그러면 좋겠군요.

I'm afraid we don't.
[아임 어프레이드 위 도운트]

죄송하지만 없습니다.

We'll prepare it.
[위일 프리패어 잇]

준비하겠습니다.

I'll get a job soon.
[아일 겟 어 잡 수운]

곧 취직할 거예요.

✱ plus tip　I hope[아이 호웁]과 they have[데이 해브] 사이에는 접속사 that[댓]이 생략된 형태입니다.

✱ 단어　hope [호웁] ~하면 좋겠다　laundry [러언드리] 세탁물　service [서얼비스] 서비스　parking-lot [파알킹 랏] 주차장　job [잡] 직업, 일　prepare [프리패어] 준비하다　soon [수운] 곧

이동철 뭘 봤소?

What did you see?

[왓 디 쥬 사-]

박선희 거대한 수영장이 있더라고요.

They have a huge swimming pool.

[데이 해 버 휴-즈 스위밍 푸울]

이동철 사우나도 있더군요. 그리고 아일랜드식 퍼브도.

They have a sauna too. And an Irish pub.

[데이 해 버 서너 투- 앤드 언 아이리쉬 펍]

박선희 세탁 서비스가 있으면 좋겠네요.

I hope they have laundry service.

[아이 호웁 데이 해브 러언드리 서얼비스]

판매원 네 있습니다. 방에 세탁 바구니들이 있어요.

Yes we do. There are laundry bags in your room.

[예스 위 두 데어 아 러언드리 백스 인 유어 루움]

이동철 오, 고마워요. 여기에는 멋진 시설들이 많이 있군요.

Oh, thanks. There are a lot of great facilities here.

[오우 쌩스 데어 아- 어 랏 어브 그레잇 퍼실러티즈 히어]

✳ 단어 sauna [서너] 사우나 Irish [아이뤼쉬] 아일랜드의 pub [펍] 퍼브(술을 비롯한 여러 음료와 음식을 파는 대중적인 술집) a lot of [어 랏 어브] 많은 great [그레잇] 엄청난 facility [퍼실러티] 시설

연습문제 확인하기

I. 보기의 주어진 단어를 참고하여 문장을 만들어 보세요.

1 보기 │ 100 rooms / a tennis court / a big auditorium

① They have _____. (테니스장)

② It has _____. (방이 100개)

③ My school has _____. (큰 강당)

2 보기 │ room service / a good job / a large parking-lot

① I hope you have _____. (룸 서비스)

② I hope it has _____. (넓은 주차공간)

③ I hope you have _____. (좋은 직업)

II. 빈칸에 알맞은 단어를 보기에서 골라 써 넣으세요.

보기 │ a lot of   laundry   sauna   see

1 뭘 봤소? ···▶ What did you _____?

2 사우나도 있더군요. ···▶ They have a _____ too.

3 방에 세탁 바구니들이 있어요. ···▶ There are _____ bags in your room.

4 여기에는 멋진 시설들이 많이 있군요.
   ···▶ There are _____ great facilities here.

III. 다음 문장을 해석해 보세요.

1 They have a huge swimming pool.
   ···▶

2 I hope they have laundry service.
   ···▶

유용한 표현 더 배워보기

pillow 베개
[필로우]

towel 수건
[타우월]

hotel safe 호텔 금고
[호우텔 세이프]

free Internet 무료 인터넷
[프리- 이너넷]

wireless Internet 무선 인터넷
[와이어리스 이너넷]

hotel shuttle services 호텔 셔틀버스 서비스
[호우텔 셔틀 서얼비시즈]

currency exchange office 환전소
[커-렌시 익스체인쥐 어-피쓰]

souvenir shop 기념품 가게
[수-버니어 샵]

이런 표현도 있어요!

Q. 묻는 표현	A. 답하는 표현
● 룸 서비스를 부탁해도 될까요? **May I order some room service?** [메이 아이 어-더 섬 루움 서얼비스]	물론이죠. **Sure.** [슈어]
● 6시에 모닝콜 해 주세요. **A wake-up call at 6, please.** [어 웨이크 업 커얼 앳 식스 플라-즈] **Can I have a wake-up call at 6?** [캔 아이 해 버 웨이크 업 커얼 앳 식스]	네. **Okay.** [오우케이]
● 타월 두 개 더 가져다 주시겠어요? **Could you bring me two extra towels?** [쿠 쥬 브링 미 투 엑스트라 타우월스]	물론이죠. 잠시만요. **Sure. Just a moment, please.** [슈어 저스트 어 모우먼트 플라-즈]

✳ 단어 **order** [어-더] 주문 **wake-up call** [웨이크 업 커얼] 모닝콜 **bring** [브링] 가져다 주다 **extra** [엑스트라]
추가의 **moment** [모우먼트] 잠깐, 잠시

체크아웃

이동철 씨와 박선희 씨는 호텔에서 체크아웃 할 때가 되었습니다. 둘은 여행짐을 들고 호텔 로비에 내려옵니다.

배울 내용 미리보기

박선희	[11] **I would like to check out, please.**
호텔직원	좋습니다. 숙박은 어떠셨어요?
박선희	좋았어요. 직원이 매우 친절했어요.
이동철	룸 서비스 비용은 여기에서 결제하면 됩니까?
호텔직원	네, 그럼요. 전부 합해서 $1143.30입니다.
이동철	[12] **I'll pay by credit card.**
호텔직원	네, 그리고 저희 호텔에 머물러 주셔서 감사합니다!

I would like to check out, please.
[아이 우드 라이크 투 첵 아웃 플리-즈]

체크아웃 하고 싶은데요.

'would like to ~'는 '~하고 싶다'는 소망을 나타냅니다.
would like to[우드 라이크 투]는 want to[원트 투]보다 정중한 표현입니다.

기본 패턴 익히기

Q

I would like to check out.
[아이 우드 라이크 투 첵 아웃]

체크아웃 하고 싶은데요.

I would like to go out.
[아이 우드 라이크 투 고우 아웃]

외출하고 싶은데요.

I would like to eat something.
[아이 우드 라이크 투 이잇 섬씽]

뭐 좀 먹고 싶은데요.

I would like to take cooking lessons.
[아이 우드 라이크 투 테이크 쿠킹 레슨스]

요리 수업을 듣고 싶은데요.

A

Very good.
[베리 굿]

좋습니다.

Can I go with you?
[캔 아이 고우 위드 유]

제가 함께 가 드릴까요?

Okay. I'll make something.
[오우케이 아일 메이크 섬씽]

좋아. 내가 뭘 좀 만들게.

This way, please.
[디스 웨이 플리-즈]

이쪽으로 오세요.

✱ plus tip I would like (to)[아이 우드 라이크 (투)]는 축약하여 I'd like (to)[아드 라이크 (투)]로 쓰기도 합니다.

✱ 단어 check out [첵 아웃] 체크아웃 하다 go out [고우 아웃] 외출하다 take lessons [테이크 레슨스] 수업을 받다 go with [고우 위드] ~와 같이 가다 this way [디스 웨이] 이리로

I'll pay by credit card.
[아일 페이 바이 크레딧 카알드]

신용카드로 계산할게요.

'지불하다'라는 **pay**에 여러 가지 전치사를 붙여 지불과 관련된 다양한 표현을 만들 수 있는데, **지불수단을 나타낼 때는 by**나 **with, in**을 씁니다.

기본 패턴 익히기

Q

I'll pay by credit card.
[아일 페이 바이 크레딧 카알드]

신용카드로 계산할게요.

I'll pay by check.
[아일 페이 바이 첵]

수표로 계산할게요.

I'll pay with a credit card.
[아일 페이 위드 어 크레딧 카알드]

신용카드로 계산할게요.

I'll pay in cash.
[아일 페이 인 캐쉬]

현금으로 계산할게요.

A

Great. Thanks a lot.
[그레잇 쌩스 어 랏]

좋아요. 감사합니다.

Perfect. Here is your receipt.
[퍼얼픽트 히어 이즈 유어 리시잇]

좋습니다. 여기 영수증입니다.

Sorry. We don't accept credit cards.
[서리 위 도운트 액셉트 크레딧 카알즈]

죄송합니다. 저희는 신용카드를 받지 않습니다.

Would you like a receipt?
[우 쥬 라이크 어 리시잇]

영수증 드릴까요?

 plus tip   신용카드나 수표로 계산할 때는 pay by, pay with라고 하고, 현금으로 계산할 때는 pay in이라고 합니다.

단어   check [첵] 수표   perfect [퍼얼픽트] 완전한   accept [액셉트] 받아들이다

실전회화 익히기

박선희 체크아웃 하고 싶은데요.
I would like to check out, please.
[아이 우드 라이크 투 첵 아웃 플라-즈]

호텔직원 좋습니다. 숙박은 어떠셨어요?
Very good. How was your stay?
[베리 굿 하우 워즈 유어 스테이]

박선희 좋았어요. 직원이 매우 친절했어요.
Excellent. The staff was very friendly.
[엑설런트 더 스탭 워즈 베리 프렌들리]

이동철 룸 서비스 비용은 여기에서 결제하면 됩니까?
Can I pay for our room service here?
[캔 아이 페이 퍼 아워 루움 서얼비스 히어]

호텔직원 네, 그럼요. 전부 합해서 $1143.30입니다.
Yes, of course. $1143.30 in total please.
[예스 어브 커얼스 원 싸우전드 원 헌드레드 퍼얼티쓰리- 달러즈 앤드 써얼티 센츠 인 토우틀 플라-즈]

이동철 신용카드로 하겠습니다.
I'll pay by credit card.
[아일 페이 바이 크레딧 카알드]

호텔직원 네, 그리고 저희 호텔에 머물러 주셔서 감사합니다!
Great, and thank you for staying with us!
[그레잇 앤드 쌩 큐 퍼 스테잉 위드 어스]

✳ 단어   **staff** [스탭] 직원   **friendly** [프렌들리] 친절한   **pay for** [페이 퍼] 대금을 지불하다   **in total** [인 토우틀] 합계하여   **stay with** [스테이 위드] ~에 머물다

연습문제 확인하기

I. 보기의 주어진 단어를 참고하여 문장을 만들어 보세요.

1 보기 │ eat something / go out / take cooking lessons

① I would like to ＿＿＿＿＿＿＿＿＿＿. (외출하다)

② I would like to ＿＿＿＿＿＿＿＿＿＿. (뭐 좀 먹다)

③ I would like to ＿＿＿＿＿＿＿＿＿＿. (요리 수업을 듣다)

2 보기 │ credit card / cash / check

① I'll pay by ＿＿＿＿＿＿＿＿. (수표)

② I'll pay with ＿＿＿＿＿＿＿＿. (신용카드)

③ I'll pay in ＿＿＿＿＿＿＿＿. (현금)

II. 빈칸에 알맞은 단어를 보기에서 골라 써 넣으세요.

보기 │ friendly   stay   for   pay for

1 숙박은 어떠셨어요? ⋯ How was your ＿＿＿＿＿＿＿?

2 직원이 매우 친절했어요. ⋯ The staff was very ＿＿＿＿＿＿＿.

3 룸 서비스 비용은 여기에서 결제하면 됩니까?
⋯ Can I ＿＿＿＿＿＿ our room service here?

4 저희 호텔에 머물러 주셔서 감사합니다!
⋯ Thank you ＿＿＿＿＿＿ staying with us!.

III. 다음 문장을 해석해 보세요.

1 I would like to check out, please.
⋯ ＿＿＿＿＿＿＿＿＿＿＿＿＿＿＿

2 I'll pay by credit card.
⋯ ＿＿＿＿＿＿＿＿＿＿＿＿＿＿＿

유용한 표현 더 배워보기

bill 계산서
[빌]

receipt 영수증
[리시잇]

tag 보관증
[택]

claim check 물품보관증
[클레임 첵]

bellman / bellhop 벨보이
[벨먼/벨합]

mini-bar 미니바
[미니 바-]

sign 사인하다
[사인]

tax 세금
[택스]

Q. 묻는 표현	A. 답하는 표현
● 언제 체크아웃입니까? **When is check-out time?** [웬 이즈 첵 아웃 타임]	체크아웃 시간은 오전 11시입니다. **Our check-out time is at 11 a.m.** [아워 첵 아웃 타임 이즈 앳 일레븐 에이엠]
● 오후 3시까지 제 짐을 맡겨 둘 수 있을까요? **Can I leave my bags until 3 p.m.?** [캔 아이 리-브 마이 백스 언틸 쓰리- 피-엠]	물론이죠. 짐이 몇 개죠? **Sure. How many bags?** [슈어 하우 매니 백스]
● 여기에 사인해 주시겠습니까? **Can I have you sign here please?** [캔 아이 해브 유 사인 히어 플리-즈]	네. **Sure. / No problem. / Of course.** [슈어 / 노우 프라블럼 / 어브 커얼스]

＊단어　**time** [타임] 시간　**leave** [리-브] 맡기다　**until** [언틸] ~까지　**how many** [하우 매니] 몇 개, 몇 사람
　　　　problem [프라블럼] 문제

알아두면 도움이 되는 여행정보

여행을 떠나기 전 숙소 예약 확인은 꼭!

항공권과 숙소를 예약해 놓았다고 마냥 안심하고 떠났다가 큰 불상사를 겪을 수 있습니다.

가끔 호텔의 실수나 전산상의 오류로 인해 예약이 무효가 되어 있어, 숙소에 도착해서 난처한 일이 생길 수도 있기 때문입니다.

이런 경우를 대비해서 숙소를 예약할 때 예약확인서(바우처)를 꼭 받아두세요. 요즘은 인터넷으로도 세계 각국의 숙소들을 검색하고 마음에 드는 곳을 예약할 수 있어 편리합니다.

개인 민박시설인 경우, 특히 주의해야 합니다. 필자는 전에 개인 민박시설을 예약해 두고 확인을 하지 못한 채 출국을 했던 경우가 있었는데, 막상 숙소에 도착해 보니, 그 사이 민박 주인이 바뀌면서 인수인계가 안 되어 제가 예약했던 것을 모르겠다고 해서 난감한 적이 있었습니다. 저 같은 일을 겪지 않으시려면, 출발 전 예약 확인! 꼭 잊지 마세요!

© 김정희

CHAPTER 03

음식점
The Restaurant

UNIT 1 주문

Can I take your order? 주문하시겠습니까?
[캔 아이 테이크 유어 어-더]

How about you? 손님은요?
[하우 어바웃 유]

UNIT 2 식사

How's your burger? 버거 어때요?
[하우즈 유어 버-거]

That's spicier than kimchi! 그건 김치보다 더 매워요!
[댓츠 스파이씨어 댄 김치]

UNIT 3 카페

This one looks interesting. 이곳이 흥미로워 보이네요.
[디스 원 룩스 인터레스팅]

What do you want to drink? 뭘 마시겠소?
[왓 두 유 원트 투 드링크]

UNIT 1 주문

이동철 씨와 박선희 씨는 뉴욕 시내를 관광하다가 좀 쉬기로 합니다. 마침 점심 시간이라 식사를 하러 양식 레스토랑에 들어갑니다.

배울 내용 미리보기

웨이트리스   안녕하세요, 저는 서빙 담당 에밀리입니다.

¹³ Can I take your order?

이동철   버섯 버거로 할게요.

웨이트리스   좋습니다. **¹⁴ How about you?**

박선희   스파게티 주세요. 샐러드가 포함되나요?

웨이트리스   네 그렇습니다. 그리고 마늘빵도요.

박선희   그러면 그것으로 하겠어요. 그리고 아이스 티도요.

Can I take your order?

[캔 아이 테이크 유어 어-더]

주문하시겠습니까?

'**Can I take~?**' 문형은 **상대방에게 허락을 구할 때** 쓰는 표현입니다. 동사 **take**는 '가지다, (교통수단을) 타다, 데리고 가다, 사진 찍다, 먹다' 등 다양한 의미가 있기 때문에 목적어에 따라 해석을 달리 해야 합니다.

기본 패턴 익히기

Q

Can I take your order?
[캔 아이 테이크 유어 어-더]

주문 받아도 될까요?

Can I take your coat?
[캔 아이 테이크 유어 코웃]

(당신의) 코트를 가져가도 될까요?

Can I take a bus?
[캔 아이 테이크 어 버스]

버스 타도 될까요?

Can I take him to dinner?
[캔 아이 테이크 힘 투 디너]

그를 저녁 식사에 데려와도 될까요?

A

Yes, I'll have the mushroom burger.
[예스 아일 해브 더 머쉬루움 버-거]

버섯 버거로 할게요.

Yes, please.
[예스 플리-즈]

네.

Yes, you can.
[예스 유 캔]

그럼요.

Of course.
[어브 커얼스]

물론이죠.

✽ plus tip 주문을 받을 때는 Are you ready to order?[아 유 레디 투 어-더]라는 표현도 많이 사용합니다.

✽ 단어 coat [코웃] 코트   mushroom [머쉬루움] 버섯

How about you?

[하우 어바웃 유]

손님은요?

이 문장은 '당신은 어때요?'라는 의미로, 상대방의 의견을 묻는 표현입니다. '**How about ~?**'은 또한 제안할 때 '**~는 어때요?**'라는 의미로도 쓰이는데, 이때 about 뒤에는 명사나 동사의 -ing형이 옵니다.

 기본 패턴 익히기

Q

How about you?
[하우 어바웃 유]

당신은 어때요?

How about a drink?
[하우 어바웃 어 드링크]

한 잔 하는 것 어때요?

How about next Friday?
[하우 어바웃 넥스트 프라이데이]

다음 주 금요일 어때요?

How about having lunch?
[하우 어바웃 해빙 런치]

점심 식사 하는 것 어때요?

A

Spaghetti please.
[스파게티 플리-즈]

스파게티 주세요.

Great. Where should we go?
[그레잇 웨어 슈드 위 고우]

좋아요. 어디로 갈까요?

Okay. Where can we meet?
[오우케이 웨어 캔 위 미잇]

좋아요. 어디서 만날까요?

Why not? Let's go now.
[와이 낫 렛츠 고우 나우]

좋아요. 지금 갑시다.

 plus tip　이 문형은 의견을 물을 때는 'what do you think?'[왓 두 유 씽크], 제안할 때는 'Let's ~'[렛츠]로 바꿔 쓸 수 있습니다.

＊ 단어　next [넥스트] 다음의　Friday [프라이데이] 금요일　why not? [와이 낫] 왜 안 되겠어? 좋아　now [나우] 지금

실전회화 익히기

웨이트리스 안녕하세요, 저는 서빙 담당 에밀리입니다.

Hi. I'm your waitress, Emily.
[하이 아임 유어 웨이트리스 에멀리]

주문하시겠습니까?

Can I take your order?
[캔 아이 테이크 유어 어-더]

이동철 버섯 버거로 할게요.

I'll have the mushroom burger.
[아일 해브 더 머쉬루움 버-거]

웨이트리스 좋습니다. 손님은요?

Great. How about you?
[그레잇 하우 어바웃 유]

박선희 스파게티 주세요. 샐러드가 포함되나요?

Spaghetti please. Does that include salad?
[스파게티 플라-즈 더즈 댓 인클루-드 샐러드]

웨이트리스 네 그렇습니다. 그리고 마늘빵도요.

Yes it does. And garlic bread.
[예스 잇 더즈 앤드 가알릭 브레드]

박선희 그러면 그것으로 하겠어요. 그리고 아이스 티도요.

I'll have that then. And an iced tea.
[아일 해브 댓 덴 앤드 언 아이스트 티-]

✳ 단어   waitress [웨이트리스] 웨이트리스   include [인클루-드] 포함하다   garlic [가알릭] 마늘
bread [브레드] 빵   then [덴] 그러면   iced tea [아이스트 티-] 아이스 티

연습문제 확인하기

I. 보기의 주어진 단어를 참고하여 문장을 만들어 보세요.

1 보기 │ him / your coat / a bus

① Can I take _____ ? (당신의 코트)

② Can I take _____ ? (버스)

③ Can I take _____ to dinner? (그)

2 보기 │ next Friday / a drink / having lunch

① How about _____ ? (한 잔 하는 것)

② How about _____ ? (다음 주 금요일)

③ How about _____ ? (점심 식사 하는 것)

II. 빈칸에 알맞은 단어를 보기에서 골라 써 넣으세요.

보기 │ include   please   have   then

1 버섯 버거로 할게요. ⋯▸ I'll _____ the mushroom burger.

2 스파게티 주세요. ⋯▸ Spaghetti _____ .

3 샐러드가 포함되나요? ⋯▸ Does that _____ salad?

4 그러면 그것으로 하겠어요. ⋯▸ I'll have that _____ .

III. 다음 문장을 해석해 보세요.

1 Can I take your order?

⋯▸ _____

2 How about you?

⋯▸ _____

유용한 표현 더 배워보기

단어만 알아도 편해요!

soup 수프
[수웁]

dressing 드레싱
[드레싱]

steak 스테이크
[스테이크]

light meal 간단한 식사
[라잇 미일]

appetizer 전채, 애피타이저
[애피타이저]

refill 리필하다, 다시 채우다
[리-필]

Today's Special 오늘의 특선 요리
[투데이즈 스페셜]

이런 표현도 있어요!

Q. 묻는 표현	A. 답하는 표현
● 추천 메뉴가 뭐죠? **What do you recommend?** [왓 두 유 레커멘드]	여기 해산물이 맛있습니다. **The seafood is great here.** [더 시-푸-드 이즈 그레잇 히어]
● 저 사람들이 먹고 있는 걸로 할게요. **I'd like to know what they are having.** [아드 라이크 투 노우 왓 데이 아 해빙]	저것들은 채식 요리입니다. **Those are vegetarian dishes.** [도우즈 아 베쥐테리언 디쉬즈]

＊ 단어   **recommend** [레커멘드] 추천하다   **seafood** [시-푸-드] 해산물   **vegetarian** [베쥐테리언] 채식(주의자)
dish [디쉬] 요리

UNIT 2 식사

주문한 음식이 드디어 나왔습니다. 이동철 씨 부부는 식사를 시작합니다.

배울 내용 미리보기

박선희 **15 How's your burger?**

이동철 기가 막히네. 당신 스파게티도 끝내줄 것 같소.

박선희 소스가 좀 맵지만 아주 맛있어요.

이동철 맛 좀 봐도 될까?

박선희 마음껏 먹어봐요.

이동철 와우, 당신 말이 맞아!

16 That's spicier than kimchi!

How's your burger?
[하우즈 유어 버-거]

버거 어때요?

'**How's**'는 'How is'의 줄인 말로 '**〜는 어떠한가요?**'라는 의미의 문형입니다.
뭔가에 대한 선호도나 감상을 물어볼 때 쓰는 표현입니다.

기본 패턴 익히기

Q

How's your burger?
[하우즈 유어 버-거]

버거 어때요?

How's the size?
[하우즈 더 사이즈]

사이즈 어때요?

How's the weather today?
[하우즈 더 웨더 터데이]

오늘 날씨는 어때요?

How's your trip?
[하우즈 유어 트립]

(당신의) 여행은 어때요?

A

Awesome. [어-섬]

굉장해요.

It's a little tight. [잇츠 어 리틀 타잇]

약간 끼는데요.

It's cloudy. [잇츠 클라우디]

날씨가 흐려요.

It's wonderful. [잇츠 원더펄]

멋지네요.

✳ plus tip   날씨를 표현할 때는 비인칭 주어 It[잇]으로 시작합니다.

✳ 단어   size [사이즈] 사이즈   weather [웨더] 날씨   today [터데이] 오늘   trip [트립] 여행   awesome [어-섬]
기막히게 좋은   a little [어 리틀] 약간   tight [타잇] 꽉 끼는   cloudy [클라우디] 구름 낀

That's spicier than kimchi!

[댓츠 스파이씨어 댄 김치]

그건 김치보다 더 매워요!

두 가지 대상을 비교할 때 쓰는 비교급 문형입니다.
'A is + 형용사·부사의 비교급 + than + B'의 형태로 **'A는 B보다 더 ~하다'**라는 의미입니다.

기본 패턴 익히기

Q

That's spicier than kimchi.

[댓츠 스파이씨어 댄 김치]

그건 김치보다 더 매워요.

I'm taller than my sister.

[아임 털러 댄 마이 시스터]

내가 누나보다 키가 더 커요.

This is bigger than that.

[디스 이즈 비거 댄 댓]

이것이 저것보다 더 커요.

The blue one is more expensive than the red one.

[더 블루- 원 이즈 모어 익스펜시브 댄 더 레드 원]

파란 것이 빨간 것보다 더 비싸요.

A

It really is! [잇 리얼리 이즈]   정말 그래요!

You are right. [유 아- 라잇]   네 말이 맞아.

I think so. [아이 씽크 소우-]   나도 그렇게 생각해.

That's not true. [댓츠 낫 트루-]   그렇지 않아.

✳ plus tip 비교급 만들기

1음절 단어 : 형용사/부사 + er 예) tall → taller

2음절 이상 단어 : more + 형용사/부사 예) expensive → more expensive

'자음 + y'로 끝나는 단어 : y를 i로 바꾼 후 er을 붙임 예) spicy → spicier

'단모음 + 단자음'으로 끝나는 1음절 단어 : 마지막 자음을 한 번 더 쓰고 er을 붙임 예) big → bigger

✳ 단어 spicier [스파이씨어] 더 매운 **than** [댄] ~보다 **taller** [털러] 더 키가 큰 **sister** [시스터] 누나[언니], 여동생

bigger [비거] 더 큰 **more** [모어] 더 많은 수(의) **expensive** [익스펜시브] 비싼 **true** [트루-] 진실한

박선희 버거 어때요?

How's your burger?

[하우즈 유어 버-거]

이동철 기가 막히네. 당신 스파게티도 끝내줄 것 같소.

Awesome. Your spaghetti smells great.

[어-섬 유어 스파게티 스멜스 그레잇]

박선희 소스가 좀 맵지만 아주 맛있어요.

The sauce is a little spicy but it's delicious.

[더 서-쓰 이즈 어 리틀 스파이시 벗 잇츠 딜리셔스]

이동철 맛 좀 봐도 될까?

Can I try some?

[캔 아이 트라이 섬]

박선희 마음껏 먹어봐요.

Help yourself.

[헬프 유어셀프]

이동철 와우, 당신 말이 맞아!

Wow, you're right!

[와우 유어 라잇]

그건 김치보다 더 매워요!

That's spicier than kimchi!

[댓츠 스파이씨어 댄 김치]

✱ 단어   smell [스멜] 냄새가 나다 sauce [소스] 소스 spicy [스파이시] 양념 맛이 강한(매운)
delicious [딜리셔스] 아주 맛있는 try [트라이] ~해 보다

연습문제 확인하기

I. 보기의 주어진 단어를 참고하여 문장을 만들어 보세요.

1 보기 │ the size / your trip / the weather

① How's _____ ? (사이즈)

② How's _____ today? (날씨)

③ How's _____ ? (당신의 여행)

2 보기 │ bigger / taller / more expensive

① I'm _____ than sister. (키가 더 큰)

② This is _____ than that. (더 큰)

③ The blue one is _____ than the red one. (더 비싼)

II. 빈칸에 알맞은 단어를 보기에서 골라 써 넣으세요.

보기 │ a little   Help   smells   try

1 당신 스파게티는 끝내줄 것 같소. ⋯→ Your spaghetti _____ great.

2 소스가 좀 매워요. ⋯→ The sauce is _____ spicy.

3 맛 좀 봐도 될까? ⋯→ Can I _____ some?

4 마음껏 먹어봐요. ⋯→ _____ yourself.

III. 다음 문장을 해석해 보세요.

1 How's your burger?

⋯→ _____

2 That's spicier than kimchi!

⋯→ _____

유용한 표현 더 배워보기

sweet 달콤한
[스위잇]

salty 짠
[서얼티]

oily 느끼한, 기름진
[어일리]

sour 신, 시큼한
[사우어]

fork 포크
[퍼얼크]

spoon 숟가락
[스푸운]

knife 칼
[나이프]

chopsticks 젓가락
[찹스틱스]

Q. 묻는 표현	A. 답하는 표현
● 좀 더 구워 주시겠어요? **Could I have it cooked a little more?** [쿠드 아이 해브 잇 쿡트 어 리틀 모어]	물론이죠, 잠시만요. **Sure, just a moment.** [슈어 저스트 어 모먼트]
● 오늘 식사는 어떠셨어요? **Did you enjoy your meal today?** [디 쥬 인조이 유어 미일 터데이]	이렇게 맛있는 음식은 처음 먹어요. **It is the best meal I've ever had.** [잇 이즈 더 베스트 미일 아브 에버 해드] 죄송하지만, 제 입맛에 맞지 않네요. **Sorry, but it's not really my taste.** [서리 벗 잇츠 낫 리얼리 마이 테이스트]

✳ 단어   best [베스트] 최고의, 제일 좋은   ever [에버] best를 강조   taste [테이스트] 맛

카페

식사를 마친 이동철 씨와 박선희 씨는 음식점에서 가까운 커피숍을 찾고 있습니다.
뉴욕의 거리에는 크고 작은 커피숍들이 많이 있습니다.

배울 내용 미리보기

이동철 뉴욕에는 서울보다 카페들이 많이 있군.

박선희 **17 This one looks interesting.** '카페 콩테'요.

이동철 **18 What do you want to drink?**

내가 쏘지!

박선희 당신은 참 다정해요. 나는 라떼로 할게요.

이동철 그럼 난 에스프레소를 마셔야지.

정신을 차려야겠거든!

This one looks interesting.

[디스 원 룩스 인터레스팅]

이곳이 흥미로워 보이네요.

'**look + 형용사**'는 '**~처럼 보인다, ~한 상태로 보인다**'라는 의미입니다. look 외에 sound, smell, taste, feel도 같은 방식으로 사용하며, 이 동사들을 '감각동사'라고 부릅니다.

기본 패턴 익히기

Q

This one **looks interesting**.
[디스 원 룩스 인터레스팅]

이곳이 흥미로워 보여요.

You **look tired**.
[유 룩 타이얼드]

피곤해 보여요.

It **smells terrible**.
[잇 스멜스 테러블]

냄새가 지독한 것 같네요.

It **sounds good**.
[잇 사운즈 굿]

좋은 것 같네요.

A

I think so. [아이 씽크 소우-]

저도 그렇게 생각해요.

I didn't sleep last night.
[아이 디든트 슬리입 래스트 나잇]

지난밤에 못 잤어요.

I think you are a sensitive person.
[아이 씽크 유 아- 어 센서티브 퍼얼슨]

당신이 예민한 사람 같아요.

I agree with you. [아이 어그리- 위드 유]

저도 같은 생각이에요.

 plus tip 뒤에 명사가 나오면 '~처럼'의 의미를 가진 전치사 like[라이크]를 함께 씁니다.

✳ 단어 look [룩] (보기에) ~한 것 같다 interesting [인터레스팅] 재미있는 tired [타이얼드] 피곤한 terrible [테러블] 지독한, 심한 sound [사운드] ~인 것 같다 last night [래스트 나잇] 지난밤 sensitive [센서티브] 민감한 person [퍼얼슨] 사람 agree [어그리-] 동의하다

What do you want to drink?

[왓 두 유 원트 투 드링크]

뭘 마시겠소?

'**What do you want?**'는 '**무엇을 원하십니까?**'라는 뜻의 문형인데, 뒤에 'to + 동사원형'를 추가하면 하고 싶은 행동을 표현할 수 있습니다.

기본 패턴 익히기

Q

What do you want to drink?
[왓 두 유 원트 투 드링크]

뭘 마시고 싶어요?

What do you want to eat?
[왓 두 유 원트 투 이잇]

뭘 먹고 싶어요?

What do you want to be?
[왓 두 유 원트 투 비–]

뭐가 되고 싶어요?

What do you want to write?
[왓 두 유 원트 투 라이트]

뭘 쓰고 싶어요?

A

I want to drink some water.
[아이 원트 투 드링크 섬 워–터]

물을 마시고 싶어요.

A sandwich, please.
[어 샌드위치 플리–즈]

샌드위치 주세요.

I want to be a teacher.
[아이 원트 투 비– 어 티–처]

선생님이 되고 싶어요.

I want to write a novel.
[아이 원트 투 라이트 어 나벌]

소설을 쓰고 싶어요.

 단어   **write** [라이트] 쓰다, 적다   **sandwich** [샌드위치] 샌드위치   **teacher** [티–처] 선생님   **novel** [나벌] (장편) 소설

이동철   뉴욕에는 서울보다 카페들이 많이 있군.

New York has more cafés than Seoul!

[누—여억 해즈 모어 캐페이즈 댄 소울]

박선희   이곳이 흥미로워 보이네요. '카페 콩테'요.

This one looks interesting. <Café Conte>.

[디스 원 룩스 인터레스팅 카페 콩테]

이동철   뭘 마시겠소?

What do you want to drink?

[왓 두 유 원트 투 드링크]

내가 쏘지!

I'll treat!

[아일 트리잇]

박선희   당신은 참 다정해요. 나는 라떼로 할게요.

You're so sweet. I'll have a latte.

[유어 소우— 스위잇 아일 해 버 래—테이]

이동철   그럼 난 에스프레소를 마셔야지.

And I'll have an espresso.

[앤드 아일 해 번 에스프레소우]

정신을 차려야겠거든!

I need to wake up!

[아이 나—드 투 웨이크 업]

✳ **단어**   café [캐페이] 카페   treat [트리잇] 대접하다, 한턱내다   sweet [스위잇] 다정한   latte [래—테이]
우유를 탄 에스프레소 커피   espresso [에스프레소우] 에스프레소 커피   need to [니—드 투]
~해야만 한다   wake up [웨이크 업] 정신을 차리다

연습문제 확인하기

I. 보기의 주어진 단어를 참고하여 문장을 만들어 보세요.

1 보기 | terrible / good / tired

① You look ＿＿＿＿＿＿＿＿＿＿＿? (피곤한)

② It smells ＿＿＿＿＿＿＿＿＿＿＿? (지독한)

③ It sounds ＿＿＿＿＿＿＿＿＿＿＿? (좋은)

2 보기 | eat / be / write

① What do you want to ＿＿＿＿＿＿＿＿＿? (먹다)

② What do you want to ＿＿＿＿＿＿＿＿＿? (되다)

③ What do you want to ＿＿＿＿＿＿＿＿＿? (쓰다)

II. 빈칸에 알맞은 단어를 보기에서 골라 써 넣으세요.

보기 | treat   need to   more   sweet

1 뉴욕에는 서울보다 카페들이 많이 있군요!

⋯→ New York has ＿＿＿＿＿＿＿ cafes than Seoul!

2 내가 쏘지! ⋯→ I'll ＿＿＿＿＿＿＿!

3 당신은 참 다정해요. ⋯→ You're so ＿＿＿＿＿＿＿.

4 정신을 차려야겠거든! ⋯→ I ＿＿＿＿＿＿＿ wake up!

III. 다음 문장을 해석해 보세요.

1 This one looks interesting.

⋯→ ＿＿＿＿＿＿＿＿＿＿＿＿＿＿＿＿＿＿＿

2 What do you want to drink?

⋯→ ＿＿＿＿＿＿＿＿＿＿＿＿＿＿＿＿＿＿＿

유용한 표현 더 배워보기

단어만 알아도 편해요!

mocha 모카
[모우커]

cappuccino 카푸치노
[캐푸치-노우]

sugar 설탕
[슈거]

cream 크림
[크리임]

decaf 카페인을 제거한 커피
[디-캐프]

cocktail 칵테일
[칵테일]

beer 맥주
[비어]

champagne 샴페인
[셈페인]

이런 표현도 있어요!

Q. 묻는 표현	A. 답하는 표현
● 다음 분 주문하시겠어요? **Next in line, please?** [넥스트 인 라인 플리-즈]	카푸치노 주세요. **I'll have a cappuccino, please.** [아일 해 버 캐푸치-노우 플리-즈]
● 여기에서 드실 건가요 가져가실 건가요? **For here or to go?** [퍼 히어 오어 투 고우]	여기에서 먹을 거예요. **I'll have it here.** [아일 해브 잇 히어] 가져가겠습니다. **To go.** [투 고우]

✳ 단어   next in line [넥스트 인 라인] 2번째의

88

알아두면 도움이 되는 여행정보

외국 음식점에서는 마시는 물값도 내야 해요!

우리나라 음식점에 들어가면 손님을 맞이하는 의미로, 제일 먼저 나오는 것이 마시는 물입니다. 기본적으로 무료로 제공하고 있죠.

하지만, 외국의 음식점에 가면 야박하게도 아무것도 내오지 않는 경우가 많습니다. 게다가 메뉴판에 물값이 따로 나와 있는데, 이 물값이 웬만한 음료수보다 비싸기까지 하답니다. 그리고 마시는 물의 종류도 여러 가지인데 어떤 것은 우리 입맛에 안 맞을 수도 있어요.

목이 말라서 시원한 물을 마실 생각으로 한국에서처럼 음식점에서 물을 달라고 했다가는 계산서를 보고 깜짝 놀랄 수 있습니다. 우리가 생각하는 무료로 마실 수 있는 물을 요청할 때는 수돗물을 뜻하는 tap water[탭 워터]를 달라고 해야 합니다.

타지에 나가면 식수가 맞지 않아 고생을 많이 할 수도 있습니다. 자신에게 맞는 식수를 확인해서 편의점 등에서 미리 구입하여 가지고 다니는 것도 요령입니다.

© 김정희

CHAPTER 04

관광 I
Sightseeing I

UNIT 1 관광 계획

I really want to **see Central Park too.** 나는 정말 센트럴파크도 보고 싶어요.
[아이 리얼리 원트 투 사– 센트럴 파크 투–]

Let's **do both.** 둘 다 해요.
[렛츠 두 보우쓰]

UNIT 2 관광안내소

How long **are they?** 얼마나 걸리나요?
[하우 러엉 아– 데이]

Where does the half-day tour go? 반나절투어는 어디에 가나요?
[웨어 더즈 더 하프 데이 투어 고우]

UNIT 3 투어 예약

Which tour? 어떤 투어죠?
[위치 투어]

When does the full-day tour start? 종일투어는 언제 시작하나요?
[웬 더즈 더 풀 데이 투어 스타알트]

1

관광 계획

뉴욕에는 할 것도 많고 볼 것도 많습니다. 이동철 씨와 박선희 씨는 여행을 시작하기 전
인터넷 등에서 검색해 봤던 뉴욕 관광 자료를 보면서 어디를 갈까 고민합니다.

배울 내용 미리보기

이동철   뭘 하고 싶소?

박선희   모든 걸요! 현대미술관은 어때요?

이동철   그럴 거라 생각했지.

          [19] **I really want to see Central Park too.**

박선희   [20] **Let's do both.**

          우선 시내지도가 필요하겠네요.

이동철   좋은 생각이오. 길을 잃고 싶진 않으니까.

19 I really want to see Central Park too.

[아이 리얼리 원트 투 시- 센트럴 파알크 투-]

나는 정말 센트럴파크도 보고 싶어요.

하고 싶은 동작을 나타낼 때는 'I want to + 동사원형' 형태로 씁니다.
really는 '진짜로, 정말로'의 의미로 강조하기 위해 덧붙이는 단어입니다.

기본 패턴 익히기

Q

I really want to see Central Park too.

[아이 리얼리 원트 투 시- 센트럴 파알크 투-]

나는 정말 센트럴파크도 보고 싶어요.

I really want to go there.

[아이 리얼리 원트 투 고우 데어]

나는 정말 그곳에 가고 싶어요.

I really want to meet you.

[아이 리얼리 원트 투 미잇 유]

나는 정말 당신을 만나고 싶어요.

I really want to travel abroad.

[아이 리얼리 원트 투 트레블 업러-드]

나는 정말 해외여행 가고 싶어요.

A

So do I.

[소우- 두 아이]

나도 그래요.

Then let's go there together.

[덴 렛츠 고우 데어 터게더]

그러면 같이 갑시다.

Me, too.

[미- 투-]

나도 그래요.

I'll follow you.

[아일 팔로우 유]

나도 따라 갈게요.

＊ plus tip   회화에서는 I want to[아이 원트 투]~를 I wanna[아이 워너]~ 형태로도 많이 사용합니다.

＊ 단어   too [투-] 또한   abroad [업러-드] 해외로   together [터게더] 함께   follow [팔로우] 따르다

Let's do both.
[렛츠 두 보우쓰]

둘 다 해요.

'**Let's + 동사원형**' 형태는 '**~합시다**'라고 제안하거나 의견을 제시할 때 쓰는 문형입니다.
both (of them) [보우쓰 (어브 뎀)]는 '둘 다'라는 뜻입니다. (챕터 7 표현 40 p.159 참고)

 기본 패턴 익히기

Q

Let's do **both**.   둘 다 해요.
[렛츠 두 보우쓰]

Let's have **both**.   둘 다 먹어요.
[렛츠 해브 보우쓰]

Let's go to **both** places.   두 곳 다 가죠.
[렛츠 고우 투 보우쓰 플레이시즈]

Let's sing **both** songs.   두 곡 다 부르자.
[렛츠 싱 보우쓰 송스]

A

Good idea!   좋은 생각이야!
[굿 아이디-어]

Perfect!   좋아!
[퍼얼픽트]

That sounds good!   그거 좋은데!
[댓 사운즈 굿]

I'm up for that!   나야 환영이지!
[아임 업 퍼 댓]

✳ plus tip   셋 이상일 경우에는 all (of them)[어얼 (어브 뎀)]을 사용합니다.

✳ 단어   both [보우쓰] 둘 다   place [플레이스] 장소   sing [싱] 노래하다   song [송] 노래   idea [아이디-어] 생각

이동철 뭘 하고 싶소?

What do you want to do?
[왓 두 유 원트 투 두]

박선희 모든 걸요! 현대미술관은 어때요?

Everything! How about the *Museum of Modern Art?
[에브리씽 하우 어바웃 더 뮤지엄 어브 마-던 아알트]

이동철 그럴 거라 생각했지.

I guess so.
[아이 게스 소우-]

나는 정말 센트럴파크도 보고 싶어요.

I really want to **see** *Central Park too.
[아이 리얼리 원트 투 사- 센트럴 파알크 투-]

박선희 둘 다 해요.

Let's **do** both.
[렛츠 두 보우씨]

우선 시내지도가 필요하겠네요.

First we need a city map.
[퍼얼스트 위 나-드 어 시티 맵]

이동철 좋은 생각이오. 길을 잃고 싶진 않으니까.

Good idea. I don't want to get lost.
[굿 아이디-어 아이 돈트 원트 투 겟 라-스트]

* Museum of Modern Art : 현대 미술관(뉴욕시에 있는 유명 미술관으로 줄여서 'MoMA 모마'라고 한다)
* Central Park : 센트럴파크(뉴욕시에 있는 대규모 공원으로, 뉴욕 시민뿐 아니라 관광객에게도 인기가 많은 곳)

✱ 단어 **everything** [에브리씽] 모든 (것) **museum** [뮤지-엄] 미술관, 박물관 **modern** [마-던] 현대의, 근대의 **guess** [게스] ~라고 생각하다 **map** [맵] 지도 **get lost** [겟 라-스트] 길을 잃다

연습문제 확인하기

I. 보기의 주어진 단어를 참고하여 문장을 만들어 보세요.

1

<table>
<tr><td>보기</td><td>to travel abroad / to meet you./ to go there</td></tr>
</table>

① I really want _____. (그곳에 가기를)

② I really want _____. (당신을 만나기를)

③ I really want _____. (해외여행 가기를)

2

<table>
<tr><td>보기</td><td>have / sing / go to</td></tr>
</table>

① Let's _____ both. (먹다)

② Let's _____ both places. (가다)

③ Let's _____ both songs. (노래하다)

II. 빈칸에 알맞은 단어를 보기에서 골라 써 넣으세요.

<table>
<tr><td>보기</td><td>about</td><td>need</td><td>get</td><td>guess</td></tr>
</table>

1 현대미술관은 어때요? ⋯ How _____ the Museum of Modern art?

2 그럴 거라 생각했지. ⋯ I _____ so.

3 우선 시내 지도가 필요하겠네요. ⋯ First we _____ a city map.

4 길을 잃고 싶진 않으니까. ⋯ I don't want to _____ lost.

III. 다음 문장을 해석해 보세요.

1 I really want to see Central Park too.

⋯ _____

2 Let's do both.

⋯ _____

유용한 표현 더 배워보기

* 외국에 가면 표지판에서 볼 수 있는 말들입니다.

Entrance 입구
[엔트런스]

Exit 출구
[에그짓]

Information 안내소
[인퍼메이션]

Entrance Free 무료 입장
[엔트런스 프리-]

Sold Out 매진
[소울드 아웃]

Restricted Area 통제구역
[리스츠릭티드 에어리어]

Closed Today 당일 휴관
[클로우즈드 터데이]

No Photography Allowed 사진촬영 금지
[노우 퍼타그러피 얼라우드]

이런 표현도 있어요!

Q. 묻는 표현	A. 답하는 표현
● 관광안내소가 어디에 있죠? **Where is the tourist information center?** [웨어 이즈 더 투어리스트 인퍼메이션 센터]	쭉 가셔서 좌회전 하세요. **Go straight and turn left.** [고우 스트레잇 앤드 터언 레프트] 좀 먼데요. 버스를 타는 게 낫겠네요. **It's far from here. You'd better take a bus.** [잇츠 파- 프럼 히어 유드 베터 테이크 어 버스]
● 이곳의 관광안내서를 주시겠어요? **Do you have any brochures on here?** [두 유 해브 애니 브로우슈어즈 언 히어]	여기 있습니다. **Here you are.** [히어 유 아-]

✳ 단어   **tourist** [투어리스트] 관광객   **information** [인퍼메이션] 정보   **center** [센터] 종합시설   **turn** [터언] 돌다
left [레프트] 왼쪽(의)   **far** [파-] 먼   **brochure** [브로우슈어] (안내, 광고용) 책자

관광안내소

이동철 씨와 박선희 씨는 어떻게 해야 뉴욕을 잘 둘러볼지 확신이 서지 않습니다.
그래서 관광안내소의 직원에게 조언을 구합니다.

배울 내용 미리보기

직원	단체 관광 어떠세요?
박선희	그것 재미있을 것 같군요.
이동철	**²¹ How long are they?**
직원	저희는 반나절투어와 종일투어가 있습니다.
이동철	네. **²² Where does the half-day tour go?**
직원	반나절투어는 엠파이어 스테이트 빌딩, 타임스퀘어와 센트럴파크에 갑니다.
이동철	완벽하군.

How long are they?

[하우 러엉 아– 데이]

(그것들은) 얼마나 걸리나요?

'long'은 '길이'는 물론 '걸리는 시간'에 대해서도 물어볼 수 있습니다. 그래서 **'How long~?'**은 **시간이나 거리, 길이가 얼마나 되는지 물어볼 수 있는 표현**이 됩니다.

Q

How long are they?
[하우 러엉 아– 데이]

그것들은 얼마나 걸리나요?

How long is the course?
[하우 러엉 이즈 더 커얼스]

그 과정은 얼마나 걸리나요?

How long is it to Manhattan?
[하우 러엉 이즈 잇 투 맨해튼]

맨해튼까지 얼마나 걸리나요?

How long is the rope?
[하우 러엉 이즈 더 로웁]

끈이 얼마나 긴가요?

A

We have half-day tours and full-day tours.
[위 해브 하프 데이 투어스 앤드 풀 데이 투어스]

반나절투어와 종일투어가 있습니다.

It's a six months course.
[잇츠 어 식스 먼쓰즈 커얼스]

6개월 과정입니다.

It takes about 30 minutes.
[잇 테익스 어바웃 써얼티 미니츠]

30분 정도 걸립니다.

It is 60 cm long.
[잇 이즈 식스티 센티미터즈 러엉]

60cm입니다.

✱ 단어　course [커얼스] 과정, 수업　Manhattan [맨해튼] 맨해튼　rope [로웁] 끈　half-day [하프 데이] 반나절
full-day [풀 데이] 종일

Where does the half-day tour go?

[웨어 더즈 더 하프 데이 투어 고우]

반나절투어는 어디에 가나요?

'**Where do/does/did ~ go?**' 문형은 **목적지를 묻는 표현**입니다.
go 대신 이동을 나타내는 다른 동사를 넣어 표현할 수 있습니다.

Q

Where does the half-day tour go?
[웨어 더즈 더 하프 데이 투어 고우]

반나절투어는 어디에 가나요?

Where does the camp go?
[웨어 더즈 더 캠프 고우]

캠프는 어디로 가나요?

Where does the balloon go?
[웨어 더즈 더 발루운 고우]

저 풍선은 어디로 가는 걸까?

Where did you move?
[웨어 디 쥬 무–브]

어디로 이사 갔어요?

A

The half-day tour goes to the Empire State Building.
[더 하프 데이 투어 고우즈 투 디 엠파이어 스테잇 빌딩]

반나절투어는 엠파이어 스테이트 빌딩에 갑니다.

It goes to Kanghwa-do.
[잇 고우즈 투 강화도]

강화도로 갑니다.

It may go over the rainbow.
[잇 메이 고우 오우버 더 레인보우]

아마도 무지개 저 편으로 가겠지.

I moved to Busan.
[아이 무–브드 투 부산]

부산으로 이사 갔어요.

＊ **단어**　　balloon [발루운] 풍선　move [무–브] 이동하다. 이사가다　may [메이] 아마 ~할 것이다
over [오우버] ~넘어　rainbow [레인보우] 무지개

직원 단체 관광 어떠세요?

How about a group tour?

[하우 어바웃 어 그루웁 투어]

박선희 그것 재미있을 것 같군요.

That sounds like fun.

[댓 사운즈 라이크 펀]

이동철 얼마나 걸리나요?

How long are they?

[하우 러엉 아- 데이]

직원 저희는 반나절투어와 종일투어가 있습니다.

We have half-day tours and full-day tours.

[위 해브 하프 데이 투어스 앤드 풀 데이 투어스]

이동철 네. 반나절투어는 어디에 가나요?

Okay. Where does the half-day tour go?

[오우케이 웨어 더즈 더 하프 데이 투어 고우]

직원 반나절투어는 엠파이어 스테이트 빌딩, 타임스퀘어와 센트럴파크에 갑니다.

The half-day tour goes to the *Empire State Building, *Times Square and Central Park.

[더 하프 데이 투어 고우즈 투 디 엠파이어 스테잇 빌딩 타임스 스퀘어 앤드 센트럴 파알크]

이동철 완벽하군.

Perfect.

[퍼얼픽트]

* Empire State Building : 엠파이어 스테이트 빌딩(102층의 고층 건물로, 뉴욕에서 유명한 고층 빌딩 중 한 곳)
* Times Square : 타임스퀘어(뉴욕 중앙부에 있는 광장으로, 근처에는 브로드웨이와 유명 브랜드 숍이 많은 유명한 관광지)

✳단어 group tour [그루웁 투어] 단체 관광 fun [펀] 재미있는

연습문제 확인하기

I. 보기의 주어진 단어를 참고하여 문장을 만들어 보세요.

1 보기 │ to Manhattan / the course / the rope

① How long is ＿＿＿＿＿＿＿＿＿＿＿? (그 과정)

② How long is it ＿＿＿＿＿＿＿＿＿? (맨해튼까지)

③ How long is ＿＿＿＿＿＿＿＿＿? (끈)

2 보기 │ you / the camp / the balloon

① Where does ＿＿＿＿＿＿＿ go? (캠프)

② Where does ＿＿＿＿＿＿＿ go? (저 풍선)

③ Where did ＿＿＿＿＿＿＿ move? (당신)

II. 빈칸에 알맞은 단어를 보기에서 골라 써 넣으세요.

보기 │ and   sounds   goes to   about

1 단체 관광 어떠세요? ⋯ How ＿＿＿＿＿ a group tour?

2 그것 재미있을 것 같군요. ⋯ That ＿＿＿＿＿ like fun.

3 저희는 반나절투어와 종일투어가 있습니다.
  ⋯ We have half-day tours ＿＿＿＿＿ full-day tours.

4 반나절투어는 엠파이어 스테이트 빌딩에 갑니다.
  ⋯ The half-day tour ＿＿＿＿＿ the Empire State Building.

III. 다음 문장을 해석해 보세요.

1 How long are they?
  ⋯ ＿＿＿＿＿＿＿＿＿＿＿＿＿＿＿＿＿＿

2 Where does the half-day tour go?
  ⋯ ＿＿＿＿＿＿＿＿＿＿＿＿＿＿＿＿＿＿

유용한 표현 더 배워보기

theater 극장
[씨-어터]

temple 사원
[템플]

zoo 동물원
[주-]

aquarium 수족관
[어퀘어리엄]

performance 공연
[퍼퍼얼먼쓰]

exhibition 전시회
[엑시비션]

festival 축제
[페스티벌]

box office 매표소
[박스 어-피쓰]

이런 표현도 있어요!

Q. 묻는 표현	A. 답하는 표현
● 아이들을 위해 추천할 만한 게 있나요? **What do you recommend for children?** [왓 두 유 레커멘드 퍼 칠드런]	수족관 투어를 추천해 드립니다. **The aquarium tour.** [디 어퀘어리엄 투어]
● 1인당 얼마입니까? **How much is it per person?** [하우 머치 이즈 잇 퍼 퍼얼슨] **What's the rate per person?** [왓츠 더 레이트 퍼 퍼얼슨]	1인당 12달러입니다. **It is $12 per person.** [잇 이즈 트웰브 달러즈 퍼 퍼얼슨] **The rate is $12 per person.** [더 레이트 이즈 트웰브 달러즈 퍼 퍼얼슨]

✳ 단어   **children** [칠드런] 아이들(child[차일드]의 복수형)   **per** [퍼] ~당, 각 ~   **rate** [레이트] 요금

투어 예약

이동철 씨 부부는 가고 싶은 곳을 모두 효율적으로 둘러볼 수 있는 단체 관광을 하기로
결정합니다. 그들은 투어 예약을 하기 위해 창구에 갑니다.

배울 내용 미리보기

매표원   도와드릴까요?

이동철   네. 단체 관광을 예약하려고 하는데요.

매표원   그래요. **²³ Which tour?**

이동철   오늘은 반나절투어를 하고 싶어요.

그리고 내일은 종일투어요.

박선희   **²⁴ When does the full-day tour start?**

매표원   오전 9시입니다. 저희 버스가 고객님 호텔까지 갈 겁니다.

Which tour?

[위치 투어]

어떤 투어죠?

'which'는 '어떤'이라는 의미로, **A와 B 중 어느 쪽을 선택할 것인지** 묻는 의문사입니다.
이 문장의 경우 원래는 'Which tour would you like?'인데, 줄여서 간단하게 묻는 형태가 되었습니다.

기본 패턴 익히기

Q

Which tour (would you like)?
[위치 투어 우 쥬 라이크]

어떤 투어(를 원하시나요)?

Which fruit do you want?
[위치 프루웃 두 유 원트]

어떤 과일을 원하시나요?

Which way do you want to go?
[위치 웨이 두 유 원트 투 고우]

어느 길로 가고 싶어요?

Which car is yours?
[위치 카– 이즈 유어스]

어느 차가 당신 것인가요?

A

We'd like the half-day tour.
[위드 라이크 더 하프 데이 투어]

반나절투어로 하겠어요.

I want an orange. [아이 원트 언 어–린쥐]

저는 오렌지를 원해요.

This way. [디스 웨이]

이쪽 길이요.

The red car is mine. [더 레드 카– 이즈 마인]

빨간 차가 제 것이에요.

✳ plus tip　which는 주로 둘 사이의 선택을 표현할 때 사용합니다. 'Which fruit do you want, an apple or an orange?[위치 프루웃 두 유 원트 언 애플 오어 언 어–린쥐]'와 같이 선택할 범위를 추가하여 말할 수 있습니다.

✳ 단어　which [위치] 어느, 어떤　fruit [프루웃] 과일　way [웨이] 길　yours [유어스] 당신의 것　mine [마인] 나의 것

24 When does the full-day tour start?

[웬 더즈 더 풀 데이 투어 스타알트]

종일투어는 언제 시작하나요?

'**When do/does/did ~ start?**' 문형은 '**언제 ~이 시작하나요?**'라는 의미를 나타내는 문형입니다. start 대신 다른 동사를 넣어 활용해 보세요.

기본 패턴 익히기

Q

When does the full-day tour **start**?   종일투어는 언제 시작하나요?

[웬 더즈 더 풀 데이 투어 스타알트]

When does your class **start**?   당신 수업은 언제 시작해요?

[웬 더즈 유어 클래스 스타알트]

When does the movie **end**?   영화는 언제 끝나요?

[웬 더즈 더 무–비 엔드]

When did you **come** back?   당신은 언제 돌아왔어요?

[웬 디 쥬 컴 백]

A

At 9 a.m. [앳 나인 에이엠]   오전 9시예요.

Maybe next week. [메이비– 넥스트 위익]   아마 다음 주예요.

It ends after 1 hour. [잇 엔즈 애프터 원 아워]   한 시간 후에 끝납니다.

30 minutes ago. [써얼티 미니츠 어고우]   30분 전에요.

✳ plus tip   be 동사와 함께 'When is/are~?'로 쓰면 '~는 언제예요?'라는 의미가 됩니다. 예를 들어 '당신 생일이 언제예요?'는 'When is your birthday?'[웬 이즈 유어 버얼쓰데이]'라고 하면 됩니다.

✳ 단어   start [스타알트] 시작하다   class [클래스] 수업   movie [무–비] 영화   end [엔드] 끝나다
ago [어고우] ~전에

매표원	도와드릴까요?

Can I help you?

[캔 아이 헬프 유]

이동철	네. 단체 관광을 예약하려고 하는데요.

Yes. We want to book a group tour.

[예스 위 원트 투 북 어 그루웁 투어]

매표원	그래요. 어떤 투어죠?

Sure. Which tour?

[슈어 위치 투어]

이동철	오늘은 반나절투어를 하고 싶어요.

We'd like the half-day tour today.

[위 드 라이크 더 하프 데이 투어 터데이]

그리고 내일은 종일투어요.

And the full-day tour tomorrow.

[앤드 더 풀 데이 투어 터마-러우]

박선희	종일투어는 언제 시작하나요?

When does the full-day tour start?

[웬 더즈 더 풀 데이 투어 스타알트]

매표원	오전 9시입니다. 저희 버스가 고객님 호텔까지 갈 겁니다.

At 9 a.m. Our bus will come to your hotel.

[앳 나인 에이 엠 아워 버스 윌 컴 투 유어 호우텔]

✻ 단어   help [헬프] 돕다   tomorrow [터마-로우] 내일

연습문제 확인하기

I. 보기의 주어진 단어를 참고하여 문장을 만들어 보세요.

1 보기 │ fruit / way / car

① Which _____ do you want? (과일)

② Which _____ do you want to go? (길)

③ Which _____ is yours? (차)

2 보기 │ end / start / come back

① When does your class _____? (시작하다)

② When does the movie _____? (끝나다)

③ When did you _____? (돌아오다)

II. 빈칸에 알맞은 단어를 보기에서 골라 써 넣으세요.

보기 │ book　　　come　　　like　　　help

1 도와드릴까요?　⋯→ Can I _____ you?

2 단체 관광을 예약하려고 하는데요.　⋯→ We want to _____ a group tour.

3 오늘은 반나절투어를 하고 싶어요.　⋯→ We'd _____ the half-day tour today.

4 저희 버스가 고객님 호텔까지 갈 겁니다.

　⋯→ Our bus will _____ to your hotel.

III. 다음 문장을 해석해 보세요.

1 Which tour?

　⋯→ _____

2 When does the full-day tour start?

　⋯→ _____

유용한 표현 더 배워보기

lake 호수
[레이크]

waterfall 폭포
[워–터퍼얼]

beach 해변
[바–치]

bridge 다리
[브릿지]

square 광장
[스퀘어]

park 공원
[파알크]

fountain 분수
[파운튼]

tower 탑
[타우어]

이런 표현도 있어요!

Q. 묻는 표현	A. 답하는 표현
● M 미술관은 무슨 요일에 문을 닫아요? **On what day is the M Art Museum closed?** [언 왓 데이 이즈 디 엠 아알트 뮤지엄 클로우즈드]	화요일에요. **On Tuesday.** [언 투–즈데이]
● 어디에서 표를 살 수 있습니까? **Where can I buy tickets?** [웨어 캔 아이 바이 티킷츠]	14번가 극장 매표소에서 살 수 있습니다. **Tickets are available at the theater box office. It's on 14th Street.** [티킷츠 아– 어베일러블 앳 더 씨–어터 박스 어–피쓰 잇츠 언 퍼얼틴쓰 스트리–트]

✻ 단어 close [클로우즈] 닫다 Tuesday [투–즈데이] 화요일 street [스트리–트] 거리, 도로

108

알아두면 도움이 되는 여행정보

현지 투어 상품을 활용하세요!

패키지 여행을 가는 것이 아니라면, 현지에서 짧은 시간에 여러 곳을 알차게 돌아다니기 많이 힘들 수도 있습니다.

그렇지만 정해진 일정에 따라 다니는 것이 갑갑하여 패키지 여행을 선호하지 않는 분이라면, 현지에서 이용할 수 있는 당일 투어 상품을 검색해 보세요.

국내 여행사는 물론, 현지의 여행사에서도 짧게는 1~2시간, 길게는 종일투어 상품을 다양하게 내놓고 있습니다. 간단하게 대중교통을 이용하고 인솔 가이드를 따라다니며 설명과 함께 둘러보는 시내투어 상품도 좋고, 대절된 버스를 타고 다니며 인근 지역을 여러 곳 둘러보는 투어 상품도 썩 만족할 만합니다. 특히 역사적인 의미를 가진 유적지라면 역사적 배경과 관련된 이야기를 들을 수 있기 때문에 추천해 드립니다.

인터넷 등에서 검색하여 알맞은 상품을 미리 예약해 두는 것이 좋지만, 미리 예약하지 못했다 하더라도 호텔 로비나 관광안내소 등에서 추천을 받아 이용할 수도 있습니다.

© 김정희

CHAPTER 05

관광 II
Sightseeing II

UNIT 1 미술관

Did you like it? 당신은 마음에 들었어요?
[디 쥬 라이크 잇]

What kind of art is there? 어떤 종류의 예술품이 있나요?
[왓 카인드 어브 아알트 이즈 데어]

UNIT 2 뮤지컬

I'm so excited! 신이 나는데요!
[아임 소우– 익사이티드]

Where are we sitting? 자리가 어디죠?
[웨어 아– 위 시팅]

UNIT 3 전망대

Don't be scared. 무서워하지 말아요.
[돈트 비– 스케얼드]

You can see the whole city! 도시 전체를 볼 수 있소!
[유 캔 시– 더 호울 시티]

UNIT 1 미술관

박선희 씨는 매우 행복합니다. 오늘 그녀는 구겐하임 미술관과 메트로폴리탄 미술관을 포함한 유명한 곳을 모두 방문했기 때문이랍니다.

배울 내용 미리보기

박선희   구겐하임 미술관은 환상적이었어요!

²⁵ Did you like it?

이동철   괜찮았소. 그 건물이 흥미롭더라고.

박선희   여기 다른 미술관이 있네요. 메트(The Met)라고 한대요.

이동철   엄청나군! **²⁶ What kind of art is there?**

박선희   다른 종류들이 많이 있어요, 그림들, 조각들, 의상들……

25 Did you like it?

[디 쥬 라이크 잇]

당신은 마음에 들었어요?

일반동사 의문문의 과거형입니다. 일반동사 의문문은 기본적으로 **'do + 주어 + 동사원형~?'** 형태인데, 이때 동사가 과거형이기 때문에 **do가 did로 바뀐 것**입니다.

Q

Did you like it?
[디 쥬 라이크 잇]

당신은 마음에 들었어요?

Did he make it?
[디드 히 메이크 잇]

그가 만들었어요?

Did you wash the dishes?
[디 쥬 워쉬 더 디쉬즈]

당신이 설거지했어요?

Did she go to church?
[디드 쉬 고우 투 처얼치]

그녀는 교회에 갔어요?

A

It was okay.
[잇 워즈 오우케이]

괜찮았소.

No, his wife did.
[노우 히즈 와이프 디드]

아니요, 그의 부인이 했어요.

Yes, I did.
[예스 아이 디드]

네, 제가 했어요.

Yes, she did.
[예스 쉬 디드]

네, 갔어요.

＊ plus tip 이 문장의 평서문은 'You liked it.'입니다. 참고로 주어가 3인칭 단수 현재형이면 do는 does가 됩니다.

＊ 단어 wash the dish [워쉬 더 디쉬] 설거지하다 church [처얼치] 교회 wife [와이프] 부인

26

What kind of art is there?

[왓 카인드 어브 아알트 이즈 데어]

어떤 종류의 예술품이 있나요?

'**What kind of + 명사 + is there?**'는 '**어떤 종류의 ~가 있나요?**'라는 뜻의 문형입니다. kind는 '종류'라는 뜻의 명사입니다. 이 문형에서 명사가 복수형이면 'What kinds of ~ are there?'가 됩니다.

 기본 패턴 익히기

Q

What kind of art is there?
[왓 카인드 어브 아알트 이즈 데어]

어떤 종류의 예술품이 있나요?

What kind of food is there?
[왓 카인드 어브 푸–드 이즈 데어]

어떤 종류의 음식이 있나요?

What kinds of books are there?
[왓 카인즈 어브 북스 아– 데어]

어떤 종류의 책들이 있나요?

What kinds of flowers are there?
[왓 카인즈 어브 플라워스 아– 데어]

어떤 종류의 꽃들이 있나요?

A

There are many different kinds.
[데어 아– 매니 디퍼런트 카인즈]

다양한 종류가 있어요.

Mostly Indian food.
[모우스틀리 인디언 푸–드]

주로 인도 음식을 합니다.

There are novels, poetry books, comics and so on.
[데어 아– 나벌스 포우터리 북스 카믹스 앤드 소우– 언]

소설, 시집, 만화 등이 있습니다.

There are roses, lilies and tulips.
[데어 아– 로우지즈 릴리즈 앤드 튜울립스]

장미, 백합 그리고 튤립이 있습니다.

 단어 art [아알트] 예술, 미술 different [디퍼런트] 다른 mostly [모우스틀리] 주로 Indian [인디언] 인도의 poetry [포우터리] 시 comic [카믹] 만화 and so on [앤드 소우– 언] 기타 등등 rose [로우즈] 장미 lily [릴리] 백합 tulip [튜울립] 튤립

실전회화 익히기

박선희   구겐하임 미술관은 환상적이었어요!

The *Guggenheim Museum was fantastic!
[더 구겐하임 뮤지엄 워즈 팬태스틱]

당신은 마음에 들었어요?

Did you like it?
[디 쥬 라이크 잇]

이동철   괜찮았소. 그 건물이 흥미롭더라고.

It was okay. The building was interesting.
[잇 워즈 오우케이 더 빌딩 워즈 인터레스팅]

박선희   여기 다른 미술관이 있네요. 메트(The Met)라고 한대요.

Here's another museum. It's called *The Met.
[히어즈 어너더 뮤지엄 잇츠 커얼드 더 메트]

이동철   엄청나군! 어떤 종류의 예술품이 있나요?

It's enormous! **What kind of art is there?**
[잇츠 이너얼머스 왓 카인드 어브 아알트 이즈 데어]

박선희   다른 종류들이 많이 있어요, 그림들, 조각품들, 의상들……

There are many different kinds – paintings, sculpture, costumes……
[데어 아ー 매니 디퍼런트 카인즈 페인팅스 스컬업처 카ー스투움스]

---

* Guggenheim Museum : 뉴욕에 있는 미술관으로, 전시된 예술품 뿐 아니라 특이한 건축물로도 유명.
* The Met : 뉴욕에 있는 미술관으로, 메트로폴리탄 미술관(Metropolitan Museum of Art)을 줄인 이름. 영화에도 여러 번 등장할 정도로 유명 명소.

✱ 단어   fantastic [팬태스틱] 환상적인 building [빌딩] 건물 another [어너더] 또 하나 enormous [이너얼머스] 거대한, 엄청난 painting [페인팅] 그림 sculpture [스컬업처] 조각품 costume [카ー스투움] 의상

연습문제 확인하기

I. 보기의 주어진 단어를 참고하여 문장을 만들어 보세요.

1 보기 │ wash the dishes / go to church / make it

① Did he _____ ? (만들다)

② Did you _____ ? (설거지하다)

③ Did she _____ ? (교회에 가다)

2 보기 │ books / flowers / food

① What kind of _____ is there? (음식)

② What kind of _____ are there? (책들)

③ What kind of _____ are there? (꽃들)

II. 빈칸에 알맞은 단어를 보기에서 골라 써 넣으세요.

보기 │ called   interesting   fantastic   different

1 구겐하임 미술관은 환상적이었어요!

⋯ The Guggenheim Museum was _____ !

2 그 건물이 흥미롭더라고. ⋯ The building was _____ .

3 메트라고 한대요. ⋯ It's _____ The Met.

4 다른 종류들이 많이 있어요. ⋯ There are many _____ kinds.

III. 다음 문장을 해석해 보세요.

1 Did you like it?

⋯ ....

2 What kind of art is there?

⋯ ....

유용한 표현 더 배워보기

단어만 알아도 편해요!

headset 헤드셋
[헤드셋]

map 지도
[맵]

brochure 안내 책자
[브로우슈어]

poster 포스터
[포우스터]

pamphlet 팸플릿
[팸플럿]

belonging 소유물
[비러엉잉]

interpretation 통역
[인터프리테이션]

artist 예술가
[아알티스트]

이런 표현도 있어요!

Q. 묻는 표현	A. 답하는 표현
● 한국어로 된 팸플릿 있어요? **Do you have pamphlets in Korean?** [두 유 해브 팸플럿츠 인 커리–언]	여기 있습니다. **Here you are.** [히어 유 아–] 죄송합니다. 일본어와 중국어 팸플릿만 있습니다. **I'm sorry. We just have pamphlets in Japanese and Chinese.** [아임 서–리 위 저스트 해브 팸플럿츠 인 재퍼니–즈 앤드 차이니–즈]
● 언제 개관해요? **When is it open?** [웬 이즈 잇 오우펀]	10시부터 5시까지입니다. **It's open from 10 to 5.** [잇츠 오우펀 프럼 텐 투 파이브]

✱ **단어**   **Korean** [커리–언] 한국의, 한국어의   **Japanese** [재퍼니–즈] 일본의, 일본어의   **Chinese** [차이니–즈] 중국의, 중국어의

뮤지컬

뮤지컬로 유명한 뉴욕의 브로드웨이. 이동철 씨와 박선희 씨는 뮤지컬의 걸작 중 한 작품인 〈오페라의 유령〉의 표를 예약하고 극장에 갑니다.

배울 내용 미리보기

박선희	마제스틱 극장이에요. **27 I'm so excited!**
좌석안내원	안녕하세요. 표 좀 주세요.
이동철	**28 Where are we sitting?**
좌석안내원	손님 좌석은 G열, 13번과 14번 좌석입니다.
박선희	좋은 자리인가요?
좌석안내원	네, 훌륭한 자리죠. 좋은 관람 되세요!

27

I'm so excited!
[아임 소우– 익사이티드]

신이 나는데요!

excited는 '신이 난'이라는 뜻의 형용사입니다. 감정을 표현할 때는 '**be동사 + 감정을 나타내는 형용사**'를 쓰는데, 이때 형용사는 '**-ed**' 형태가 됩니다. **so**는 감정의 상태를 강조합니다.

기본 패턴 익히기

Q

I'm so excited!
[아임 소우– 익사이티드]

신이 나는데요!

I'm so surprised!
[아임 소우– 서프라이즈드]

깜짝 놀랐어요!

I'm so impressed!
[아임 소우– 임프레스트]

감동받았어요!

I'm so disappointed!
[아임 소우– 디서퍼인티드]

실망했어요!

A

So am I.
[소우– 앰 아이]

저도 그래요.

I totally agree.
[아이 터틀리 어그라–]

저도 그래요.

I'm pleased to hear that.
[아임 플리–즈드 투 히어 댓]

그 말을 들으니 저도 기쁘네요.

Yeah, it wasn't very good.
[예어 잇 워즌트 베리 굿]

네, 별로 좋지 않았어요.

✻ 단어 excited [익사이티드] 신이 난, 들뜬 surprised [서프라이즈드] 놀란 impressed [임프레스트] 감동받은
disappointed [디서퍼인티드] 실망한 pleased [플리–즈드] 기쁜

28 Where are we sitting?

[웨어 아- 위 시팅]

저희 자리가 어디죠?

'어디'라는 뜻의 의문사 **where**와 **현재진행형(be동사 + 동사의 ing형)**을 사용하여 **'어디서 ~할까요?'**라는 뜻이 됩니다. 현재진행형은 보통 현재 진행 중인 동작을 표현하지만, 가까운 미래를 나타낼 수도 있습니다.

기본 패턴 익히기

Q

Where are we sitting?
[웨어 아- 위 시팅]

저희 자리가 어디죠?

Where are we eating?
[웨어 아- 위 이-팅]

우리 어디서 먹을까요?

Where am I going?
[웨어 엠 아이 고우잉]

제가 어디로 갈까요?

Where am I watching it?
[웨어 앰 아이 왓칭 잇]

제가 어디서 볼까요?

A

You are sitting in row G, seats 13 and 14.
[유 아- 시팅 인 로우 쥐- 시잇츠 써얼틴 앤드 퍼얼틴]

G열 13번과 14번에 앉으세요.

How about the family restaurant over there?
[하우 어바웃 더 패밀리 레스터런트 오우버 데어]

저기 있는 패밀리 레스토랑은 어때요?

You are going to the library. [유 아- 고우잉 투 더 라이브레리]

도서관으로 가세요.

In the living room. [인 더 리빙 루움]

거실에서요.

❋ plus tip 'Where are we ~?'로 질문했을 때 일행이 아닌 사람이 대답할 경우 'You are ~'로, 일행 중 대답할 경우 'We are ~'로 말합니다. 'Where am I ~?'로 질문했을 때는 'You are ~'로 대답합니다.

❋ 단어 watch [왓치] 보다 row [로우] 열, 줄 seat [시잇] 좌석 over there [오우버 데어] 바로 저기
library [라이브레리] 도서관 living room [리빙 루움] 거실

실전회화 익히기

박선희 마제스틱 극장이에요. 신이 나는데요!

There's the Majestic Theatre. I'm so excited!

[데어즈 더 머제스틱 씨-어터 아임 소우- 익사이티드]

좌석안내원 안녕하세요. 표 좀 주세요.

Good evening. Tickets please.

[굿 이-브닝 티킷츠 플라-즈]

이동철 저희 자리가 어디죠?

Where are we sitting?

[웨어 아- 위 시팅]

좌석안내원 손님 좌석은 G열, 13번과 14번 좌석입니다.

You are sitting in row G, seats 13 and 14.

[유 아- 시팅 인 로우 쥐- 사-츠 써얼틴 앤드 퍼얼틴]

박선희 좋은 자리인가요?

Are those good seats?

[아- 도우즈 굿 사-츠]

좌석안내원 네, 훌륭한 자리죠. 좋은 관람 되세요!

Yes, those are excellent seats. Enjoy the show!

[예스 도우즈 아- 엑설런트 사-츠 인조이 더 쇼우]

✻ 단어 majestic [머제스틱] 장엄한   theatre [씨-어터] 극장. 공연장(= theater [씨-어터])
excellent [엑셀런트] 훌륭한   show [쇼우] 쇼. 공연

연습문제 확인하기

I. 보기의 주어진 단어를 참고하여 문장을 만들어 보세요.

1 | 보기 | disappointed / surprised / impressed

① I'm so _____! (놀라운)

② I'm so _____! (감동받은)

③ I'm so _____! (실망한)

2 | 보기 | eating / watching / going

① Where are we _____? (먹다)

② Where are we _____? (가다)

③ Where am I _____ it? (보다)

II. 빈칸에 알맞은 단어를 보기에서 골라 써 넣으세요.

| 보기 | sitting in   Enjoy   excellent   There's

1 마제스틱 극장이에요. ⋯ _____ the Majestic Theatre.

2 손님 좌석은 G열, 13번과 14번 좌석입니다.

⋯ You are _____ row G, seats 13 and 14.

3 훌륭한 자리죠. ⋯ Those are _____ seats.

4 좋은 관람 되세요! ⋯ _____ the show!

III. 다음 문장을 해석해 보세요.

1 I'm so excited!

⋯ _____

2 Where are we sitting?

⋯ _____

유용한 표현 더 배워보기

단어만 알아도 편해요!

reserved seat 지정석
[리저얼브드 시잇]

seating chart 좌석 안내도
[사-팅 차알트]

popular 인기 있는
[파퓰러]

audition 오디션
[어-디션]

perform 공연하다
[퍼퍼엄]

broadway 브로드웨이(뉴욕 타임스퀘어 주변에 있는 극장가)
[브러-드웨이]

starring role 주역
[스타-링 로울]

long-running 장기간 계속되어 온
[러엉 러닝]

이런 표현도 있어요!

Q. 묻는 표현	A. 답하는 표현
● 뮤지컬은 몇 시죠? **What time does the musical start?** [왓 타임 더즈 더 뮤-지컬 스타알트]	7시 30분에 시작합니다. **It starts at 7:30.** [잇 스타알츠 앳 세븐 써얼티]
● 뮤지컬은 얼마나 하죠? **How long is the musical?** [하우 러엉 이즈 더 뮤-지컬]	약 세 시간 정도이고 20분의 쉬는 시간이 있습니다. **It is about 3 hours with a 20 minute intermission.** [잇 이즈 어바웃 쓰리- 아워즈 위드 어 트웨니 미닛 인터미션]

✳ 단어　　**musical** [뮤-지컬] 뮤지컬　**intermission** [인터미션] 중간 휴식 시간

UNIT 3 전망대

관광 중인 이동철 씨와 박선희 씨는 록펠러센터를 지나가게 됩니다. 이동철 씨는 고층 빌딩을 올려다 보면서 이야기를 꺼냅니다.

배울 내용 미리보기

이동철 놀라워!

박선희 그러게요. (가리키며) 저것이 GE(쥐이) 빌딩이에요.

70층짜리죠.

(그들은 엘리베이터를 타고 70층에 올라갑니다)

박선희 난 좀 무섭네요.

이동철 **²⁹ Don't be scared.**

오, 숨이 멎을 거 같군! **³⁰ You can see the whole city!**

박선희 자유의 여신상이에요.

이동철 그리고 엠파이어 스테이트 빌딩도 있군. 내 사진 찍어줘요!

Don't be scared.

[도운트 비- 스케얼드]

무서워하지 말아요.

동사가 맨 앞에 나오는 **명령문에서 동사 앞에 'Don't'를 붙이면** '~하지 마라'는 뜻의 부정명령문이 됩니다.
이때 동사가 be동사이면 **'Don't be ~'** 형태가 됩니다.

기본 패턴 익히기

Q

I'm a little scared.
[아임 어 리틀 스케얼드]

난 좀 무섭네요.

I'm too shy to speak.
[아임 투 샤이 투 스피익]

말하기 너무 부끄러워요.

I can't find my dog anywhere.
[아이 캔트 파인드 마이 더억 애니웨어]

어디에서도 우리 개를 못 찾겠어요.

I have a job interview today.
[아이 해 버 잡 인터뷰- 터데이]

오늘 면접이 있어요.

A

Don't be scared.
[도운트 비- 스케얼드]

무서워하지 말아요.

Don't be shy.
[도운트 비- 샤이]

부끄러워하지 말아요.

Don't be sad.
[도운트 비- 새드]

슬퍼하지 말아요.

Don't be late.
[도운트 비- 레이트]

늦지 말아요.

✻ plus tip 일반동사인 경우, 'Don't + 동사원형'이 됩니다.

✻ 단어 scared [스케얼드] 무서워하는 shy [샤이] 부끄러운 speak [스피익] 말하다 find [파인드] 찾다
anywhere [애니웨어] 어디에서도 interview [인터뷰-] 면접 late [레이트] 늦은, 지각한

30 You can see the whole city!

[유 캔 시– 더 호울 시티]

도시 전체를 볼 수 있소!

'**You can~**'은 '**당신은 ~할 수 있다**'와 '**당신은 ~해도 된다**'의 두 가지 의미를 지니고 있습니다.
can 뒤에는 동사원형을 씁니다.

Q

You can see the whole city!

[유 캔 시– 더 호울 시티]

도시 전체를 볼 수 있소!

You can try all kinds of food.

[유 캔 트라이 어얼 카인즈 어브 푸–드]

온갖 종류의 음식을 먹을 수 있어요.

You can do it, too!

[유 캔 두 잇 투–]

당신도 할 수 있어요!

You can go home now.

[유 캔 고우 호움 나우]

지금 집에 가도 되요.

A

Really? That's amazing!

[리얼리 댓츠 어메이징]

정말요? 놀라운데요!

I can't wait!

[아이 캔트 웨이트]

참을 수 없어요!

Thanks for cheering me up!

[쌩스 퍼 치어링 미 업]

격려해 줘서 고마워요!

I'm happy to hear that.

[아임 해피 투 히어 댓]

그 말을 들으니 기쁘네요.

✳ plus tip   can이 허락의 의미일 경우에는 may로 바꿔 쓸 수 있습니다.

✳ 단어   **whole** [호울] 전체의   **city** [시티] 도시   **amazing** [어메이징] 놀라운   **wait** [웨이트] 기다리다
     cheer up [치어 업] 격려하다   **happy** [해피] 기쁘다

이동철   놀라워!
Amazing!
[어메이징]

박선희   그러게요. (가리키며) 저것이 GE(쥐이) 빌딩이에요.
I agree. (pointing) That one is the GE Building.
[아이 어그리- (퍼인팅) 댓 원 이즈 더 쥐-아- 빌딩]

70층짜리죠.
It has 70 floors.
[잇 해즈 세븐티 플러-즈]

(그들은 엘리베이터를 타고 70층에 올라갑니다)

박선희   난 좀 무섭네요.
I'm a little scared.
[아임 어 리틀 스케얼드]

이동철   무서워하지 말아요.
Don't be scared.
[도운트 바- 스케얼드]

오, 숨이 멎을 거 같군!   도시 전체를 볼 수 있소!
Oh, it's breathtaking! You can see the whole city!
[오우 잇츠 브레쓰테이킹]   [유 캔 사- 더 호울 시티]

박선희   자유의 여신상이에요.
There's the *Statue of Liberty.
[데어즈 더 스태츄- 어브 리버티]

이동철   그리고 엠파이어 스테이트 빌딩도 있군.   내 사진 찍어줘요!
And there's the Empire State Building. Take my picture!
[앤드 데어즈 디 엠파이어 스테잇 빌딩]   [테이크 마이 픽처]

---

* **Statue of Liberty** : 자유의 여신상(뉴욕항의 리버티섬에 세워진 거대한 여신상으로, 미국의 대표적인 상징물이기도 함)

✱ 단어   **point** [퍼인트] 가리키다   **floor** [플러-] (건물의) 층   **breathtaking** [브레쓰테이킹] 숨이 막히는
take a picture [테이크 어 픽처] 사진을 찍다

연습문제 확인하기

I. 보기의 주어진 단어를 참고하여 문장을 만들어 보세요.

1 보기 │ sad / shy / late

① Don't be ＿＿＿＿＿＿＿＿＿＿ . (부끄러운)

② Don't be ＿＿＿＿＿＿＿＿＿＿ . (슬픈)

③ Don't be ＿＿＿＿＿＿＿＿＿＿ . (늦은)

2 보기 │ try all kinds of food / go home / do it

① You can ＿＿＿＿＿＿＿＿＿＿ . (온갖 종류의 음식을 먹다)

② You can ＿＿＿＿＿＿＿＿＿＿ , too! (그것을 하다)

③ You can ＿＿＿＿＿＿＿＿＿＿ now. (집에 가다)

II. 빈칸에 알맞은 단어를 보기에서 골라 써 넣으세요.

보기 │ picture　　　floors　　　a little　　　There's

1 70층짜리죠. ⋯▶ It has 70 ＿＿＿＿＿＿＿ .

2 난 좀 무섭네요. ⋯▶ I'm ＿＿＿＿＿＿＿ scared.

3 자유의 여신상이에요. ⋯▶ ＿＿＿＿＿＿＿ the Statue of Liberty.

4 내 사진 찍어줘요! ⋯▶ Take my ＿＿＿＿＿＿＿ !

III. 다음 문장을 해석해 보세요.

1 Don't be scared.

⋯▶ ＿＿＿＿＿＿＿＿＿＿＿＿＿＿＿＿＿＿＿＿

2 You can see the whole city!

⋯▶ ＿＿＿＿＿＿＿＿＿＿＿＿＿＿＿＿＿＿＿＿

유용한 표현 더 배워보기

단어만 알아도 편해요!

observatory 전망대
[업저얼버터–리]

admission 입장권
[어드미션]

elevator 승강기
[엘리베이터]

cable car 케이블카
[케이블 카–]

spectacular 장관을 이루는
[스펙태큘러]

famous 유명한
[페이머스]

view 경관, 시야
[뷰–]

nightscape 야경
[나잇스케이프]

이런 표현도 있어요!

Q. 묻는 표현	A. 답하는 표현
● 이것은 전망대 줄인가요? **Is this the line for the observatory?** [이즈 디스 더 라인 퍼 디 업저얼버터–리]	네. **Yes.** [예스] 아니요, 이건 표 사는 줄이에요. **No, it's just the line for buying tickets.** [노우 잇츠 저스트 더 라인 퍼 바잉 티킷츠]
● 자유의 여신상을 둘러보는데 얼마나 걸리죠? **How long would it take to tour the Statue of Liberty?** [하우 러엉 우드 잇 테이크 투 투어 더 스태츄– 어브 리버티]	두 시간 정도요. **About 2 hours.** [어바웃 투– 아워즈]

✳ 단어　　**take** [테이크] (시간이) 걸리다　**tour** [투어] 관광하다　**about** [어바웃] 약 ~, 대략

128

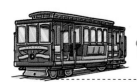

알아두면 도움이 되는 여행정보

박물관이나 미술관을 가기 전에는 휴관일을 꼭 확인하세요.

모처럼 방문한 외국에서 유명한 미술관이나 박물관 투어는 여행 전부터 무척 기대되는 계획입니다. 언제 또 와 보겠냐는 심산으로 단단히 준비하고 나섰던 길인데 '가는 날이 장날'이라는 속담처럼 입구 앞에서 'Closed[클로우즈드]'라는 표지판을 만나게 된다면 실망이 이만저만 아닐 거예요.

여행 계획에 넣었다면, 우선 홈페이지나 가이드 북 등에서 정기휴관일을 미리 확인하여 이런 낭패를 보지 않도록 합니다.

물론 정기휴관일 뿐 아니라 개관시간도 꼭 체크해 두세요. 요일에 따라 개관시간이 다른 곳도 있답니다.

너무 일찍 가거나 너무 늦게 간다면, 역시 시간낭비일 수 있으니까요.

그리고 가끔 복장 규제가 있는 곳도 있으니, 이런 에티켓도 꼭 확인하세요!

ⓒ 김정희

교통
Transportation

UNIT 1 대중교통 이용

Can we take the subway? 지하철을 타도 될까요?
[캔 위 테이크 더 섭웨이]

You should take train 6. 6호선을 타셔야 합니다.
[유 슈드 테이크 트레인 식스]

UNIT 2 환승

Does it cost more money? 돈이 더 드나요?
[더즈 잇 커ㅡ스트 모어 머니]

So we can transfer for free. 그래서 공짜로 갈아탈 수 있답니다.
[소우ㅡ 위 캔 트랜스퍼 퍼 프리ㅡ]

UNIT 3 잘못 탔을 때

Is this the bus to Coney Island? 코니아일랜드행 버스인가요?
[이즈 디스 더 버스 투 코우니 아일랜드]

Can you help us get to Coney Island? 코니아일랜드까지 가는데 도와주시겠어요?
[캔 유 헬프 어스 겟 투 코우니 아일랜드]

대중교통 이용

뉴욕을 관광 중인 이동철 씨 부부는 그랜드 센트럴 터미널에서 사진을 찍다가, 지하철을 이용하여 그리니치 빌리지에 가기로 결정합니다.

배울 내용 미리보기

박선희	**31 Can we take the subway?**
이동철	그럴 것 같소.
	실례합니다. 그리니치 빌리지에 가려면 몇 호선을 타야 하나요?
역무원	**32 You should take train 6.** 진녹색 라인입니다.
이동철	알겠습니다. 6호선을 타는 군요.
역무원	네. 그런 다음 51번가 역에서 내리세요.
이동철	감사합니다!

Can we take the subway?

[캔 위 테이크 더 섭웨이]

지하철을 타도 될까요?

'**Can we take~?**'는 '**우리가 ~을 타도 될까요?**'라는 의미로 허락을 구하거나 가능 여부를 묻는 표현입니다. 동사 **take**는 '타다' 외에 '(사진을) 찍다', '(음식을) 먹다' 등 목적어에 따라 다양한 의미로 쓰일 수 있습니다.

기본 패턴 익히기

Q

Can we take the subway?　　　　　　지하철을 타도 될까요?
[캔 위 테이크 더 섭웨이]

Can we take a taxi?　　　　　　택시를 타도 될까요?
[캔 위 테이크 어 택시]

Can I take a picture?　　　　　　사진을 찍어도 될까요?
[캔 아이 테이크 어 픽처]

Can I take the medicine?　　　　　약을 먹어도 될까요?
[캔 아이 테이크 더 메더신]

A

I think so.　　　　　　그럴 것 같은데요.
[아이 씽크 소우-]

Yeah, no problem at all.　　　　네, 그럼요.
[예어 노우 프라블럼 앳 어얼]

No, you can't.　　　　　아니요, 안 되는데요.
[노우 유 캔트]

Yes, you can.　　　　　네, 그렇게 하세요.
[예스 유 캔]

✳ 단어　　subway [섭웨이] 지하철　taxi [택시] 택시　picture [픽처] 사진　medicine [메더신] 약
at all [앳 어얼] 전혀, 조금도

32 You should take train 6.

[유 슈드 테이크 트레인 식스]

6호선을 타셔야 합니다.

'**You should ~**'는 '**(당신은) ~해야 합니다**'라는 뜻입니다.
should는 '~해야 한다'라는 충고의 의미를 가진 조동사로, should 다음에는 동사원형이 나옵니다.

기본 패턴 익히기

Q

Which train goes to Greenwich Village?
[위치 트레인 고우즈 투 그레니치 빌리쥐]

몇 호선이 그리니치 빌리지로 가나요?

Which bus should I take?
[위치 버스 슈드 아이 테이크]

어떤 버스를 타야 하나요?

What should I do next?
[왓 슈드 아이 두 넥스트]

다음에는 무엇을 해야 하나요?

Where should I go tomorrow?
[웨어 슈드 아이 고우 터마-러우]

내일 어디로 가야 하나요?

A

You should take train 6.
[유 슈드 테이크 트레인 식스]

6호선을 타셔야 합니다.

You should take the airport bus.
[유 슈드 테이크 디 에어퍼얼트 버스]

공항버스를 타셔야 합니다.

You should find your tour group.
[유 슈드 파인드 유어 투어 그루웁]

당신의 여행 일행을 찾아야 합니다.

You should go back to Korea.
[유 슈드 고우 백 투 커리-어]

한국으로 돌아가셔야 합니다.

✴ plus tip   '~해야 한다'는 뜻으로 must[머스트], have to[해브 투]도 있는데, should보다 강한 의무의 표현입니다.

✴ 단어   train [트레인] 열차, 기차   airport bus [에어퍼얼트 버스] 공항버스   go back [고우 백] 돌아가다

박선희   지하철을 타도 될까요?

Can we take the subway?

[캔 위 테이크 더 섭웨이]

이동철   그럴 것 같소.

I think so.

[아이 씽크 소우—]

실례합니다. 그리니치 빌리지에 가려면 몇 호선을 타야 하나요?

Excuse me? Which train goes to *Greenwich Village?

[익스큐—즈 미 위치 트레인 고우즈 투 그레니치 빌리쥐]

역무원   6호선을 타셔야 합니다. 진녹색 라인입니다.

You should take train 6. It's the dark green line.

[유 슈드 테이크 트레인 식스 잇츠 더 다알크 그리인 라인]

이동철   알겠습니다. 6호선을 타는 군요.

Okay. Get on train 6.

[오우케이 겟 언 트레인 식스]

역무원   네. 그런 다음 51번가 역에서 내리세요.

Yeah. Then get off at the 51st Street Station.

[예어 덴 겟 어프 앳 더 피프티 퍼얼스트 스트라—트 스테이션]

이동철   감사합니다!

Thank you!

[쌩 큐]

---

* Greenwich Village : 그리니치 빌리지(뉴욕에 있는 예술가와 작가가 많은 주택 지구)

✲ 단어   **excuse me** [익스큐—즈 미—] 실례합니다, 저기요   **dark green** [다알크 그리인] 짙은 녹색
get on [겟 언] ~에 타다   **get off** [겟 어프] (차에서) 내리다

연습문제 확인하기

I. 보기의 주어진 단어를 참고하여 문장을 만들어 보세요.

1 보기 │ a picture / the medicine / a taxi

① Can we take _____ ? (택시)

② Can I take _____ ? (사진)

③ Can I take _____ ? (약)

2 보기 │ the airport bus / to Korea / your tour group

① You should take _____ . (공항버스)

② You should find _____ . (당신의 여행 일행)

③ You should go back _____ . (한국으로)

II. 빈칸에 알맞은 단어를 보기에서 골라 써 넣으세요.

보기 │ line   Get on   get off   Which

1 그리니치 빌리지에 가려면 몇 호선을 타야 하나요?

⋯ _____ train goes to Greenwich Village?

2 진녹색 라인입니다. ⋯ It's the dark green _____ .

3 6호선을 타는 군요. ⋯ _____ train 6.

4 그런 다음 51번가 역에서 내리세요.

⋯ Then _____ at the 51st Street Station.

III. 다음 문장을 해석해 보세요.

1 Can we take the subway?

⋯ _____

2 You should take train 6.

⋯ _____

유용한 표현 더 배워보기

platform 승강장
[플랫퍼엄]

subway timetable 지하철 시간표
[섭웨이 타임테이블]

bus stop 버스 정류장
[버스 스탑]

bus fare 버스 요금
[버스 페어]

bus route 버스 노선
[버스 루웃]

one-way ticket 편도표
[원 웨이 티킷]

round-trip ticket 왕복표
[라운드 트립 티킷]

a 30-day pass 30일권
[어 써얼티 데이 패스]

이러건 표현도 있어요!

Q. 묻는 표현	A. 답하는 표현
● 가장 가까운 버스 정류장이 어디입니까? **Where is the nearest bus stop?** [웨어 이즈 더 니어리스트 버스 스탑]	5분만 쭉 가세요. **Go straight for 5 minutes.** [고우 스트레잇 퍼 파이브 미닛츠] 왼쪽으로 돌면 볼 수 있습니다. **Turn left and you can see.** [터언 레프트 앤드 유 캔 시-]
● 거기에 어떻게 갈 수 있죠? **How do I get there?** [하우 두 아이 겟 데어]	버스정류장에 가서, M59번 버스를 타세요. **After you get to the bus stop, take bus M59.** [애프터 유 겟 투 더 버스 스탑 테이크 버스 엠 피프티나인]

✱ 단어　　**nearest** [니어리스트] 가장 가까운

환승

그리니치 빌리지에서 재미있는 오후를 보낸 이동철 씨 부부는 다시 지하철을 타려고 지하철 역을 향하고 있습니다.

배울 내용 미리보기

박선희   뉴욕 지하철 시스템은 매우 편리해요.

이동철   정말 그렇군, 하지만 난 버스가 좋은데.

박선희   그럼 버스로 갈아탑시다.

이동철   **33 Does it cost more money?**

박선희   아니요, 우린 메트로카드가 있잖아요.

34 So we can transfer for free.

이동철   똑똑한 부인이구려! 버스를 탑시다.

33 Does it cost more money?

[더즈 잇 커-스트 모어 머니]

돈이 더 드나요?

---

cost는 '비용이 들다'라는 뜻의 동사로, '**It costs + 비용 ~**' 형태로 사용합니다.
이때 비용 뒤에 '**to + 동사원형**'을 써서 '**~하는 데 (비용이) 들다**'라는 의미가 됩니다. 이 문장을 의문문으로
만들면 '**Does it cost + 비용 ~?**'이 됩니다.

 기본 패턴 익히기

Q

Does it cost more money?

[더즈 잇 커-스트 모어 머니]

돈이 더 드나요?

Does it cost extra money?

[더즈 잇 커-스트 엑스트러 머니]

추가 비용이 드나요?

Does it cost 50 dollars to go there?

[더즈 잇 커-스트 피프티 달러즈 투 고우 데어]

그곳에 가는데 50달러가 드나요?

How much **does it cost**?

[하우 머치 더즈 잇 커-스트]

얼마나 드나요?

A

No, it doesn't. [노우 잇 더즌트]

아니요.

Yes. It costs 10 dollars more.

[예스 잇 커-스츠 텐 달러즈 모어]

네. 10달러가 더 듭니다.

Yes, it does. [예스 잇 더즈]

네, 그렇습니다.

It costs 5 dollars per day.

[잇 커-스츠 파이브 달러즈 퍼 데이]

하루당 5달러입니다.

✳ plus tip '(~하는데) 비용이 얼마나 드나요?'라고 물어볼 때는 'How much does it cost (to + 동사원형)?'
[하우 머치 더즈 잇 커-스트]'라고 합니다.

✳ 단어 cost [커-스트] (비용이) 들다   extra [엑스트러] 추가의

34

So we can transfer for free.
[소우- 위 캔 트랜스퍼 퍼 프리-]

그래서 공짜로 갈아탈 수 있답니다.

'**We can~**'은 '**우리는 ~을 할 수 있다, 우리는 ~해도 된다**'라는 뜻으로, 가능이나 허가를 표현할 때 사용합니다. 그리고 '**for free**'는 '**공짜로, 무료로**'라는 의미를 가진 숙어입니다. (챕터 5 표현 30 p.125 참고)

 기본 패턴 익히기

Q

We can transfer for free.
[위 캔 트랜스퍼 퍼 프리-]

공짜로 갈아탈 수 있어요.

We can take it for free.
[위 캔 테이크 잇 퍼 프리-]

공짜로 그것을 가져갈 수 있어요.

We can use the Internet for free.
[위 캔 유-즈 디 이너넷 퍼 프리-]

공짜로 인터넷을 사용할 수 있어요.

We can help you for free.
[위 캔 헬프 유 퍼 프리-]

공짜로 당신을 도와드릴 수 있어요.

A

You're so smart!
[유어 소우- 스마일트]

당신 정말 똑똑하군!

That's convenient.
[댓츠 컨비-니언트]

그것 편리하군요.

Really?
[리얼리]

정말인가요?

You're very kind!
[유어 베리 카인드]

친절하시군요!

✱ 단어   transfer [트랜스퍼] 갈아타다, 환승하다 for free [퍼 프리-] 공짜로 use [유-즈] 사용하다 smart [스마일트] 똑똑한, 영리한 convenient [컨비-니언트] 편리한 kind [카인드] 친절한

박선희 뉴욕 지하철 시스템은 매우 편리해요.

The New York subway system is very convenient.
[더 누–여억 섭웨이 시스템 이즈 베리 컨바–니언트]

이동철 정말 그렇군, 하지만 난 버스가 좋은데.

It sure is, but I like the bus.
[잇 슈어 이즈 벗 아이 라이크 더 버스]

박선희 그럼 버스로 갈아탑시다.

Let's transfer to the bus then.
[렛츠 트랜스퍼 투 더 버스 덴]

이동철 돈이 더 드나요?

Does it cost more money?
[더즈 잇 커–스트 모어 머니]

박선희 아니요, 우린 메트로카드가 있잖아요.

No, we have a Metro Card.
[노우 위 해 버 메트러 카알드]

그래서 공짜로 갈아탈 수 있답니다.

So we can transfer for free.
[소우– 위 캔 트랜스퍼 퍼 프라–]

이동철 똑똑한 부인이구려! 버스를 탑시다.

Smart lady! Let's get the bus.
[스마알트 레이디 렛츠 겟 더 버스]

✱ 단어 system [시스템] 시스템, 체계

140

연습문제 확인하기

I. 보기의 주어진 단어를 참고하여 문장을 만들어 보세요.

1　보기 │ 50 dollars / How much / extra money

　① Does it cost ＿＿＿＿＿＿＿＿＿＿? (추가 비용)

　② Does it cost ＿＿＿＿＿＿＿＿＿ to go there? (50달러)

　③ ＿＿＿＿＿＿＿＿＿ does it cost? (얼마나)

2　보기 │ take it / use the Internet / help you

　① We can ＿＿＿＿＿＿＿ for free. (그것을 가져가다)

　② We can ＿＿＿＿＿＿＿ for free. (인터넷을 사용하다)

　③ We can ＿＿＿＿＿＿＿ for free. (당신을 도와주다)

II. 빈칸에 알맞은 단어를 보기에서 골라 써 넣으세요.

보기 │ transfer　　get　　have　　convenient

1 뉴욕 지하철 시스템은 매우 편리해요.

　⋯▶ The New York subway system is very ＿＿＿＿＿＿.

2 그럼 버스로 갈아탑시다. ⋯▶ Let's ＿＿＿＿＿＿ to the bus then.

3 우린 메트로카드가 있잖아요. ⋯▶ We ＿＿＿＿＿＿ a Metro Card.

4 버스를 탑시다. ⋯▶ Let's ＿＿＿＿＿＿ the bus.

III. 다음 문장을 해석해 보세요.

1 Does it cost more money?

　⋯▶ ＿＿＿＿＿＿＿＿＿＿＿＿＿＿＿＿＿＿＿＿＿

2 So we can transfer for free.

　⋯▶ ＿＿＿＿＿＿＿＿＿＿＿＿＿＿＿＿＿＿＿＿＿

유용한 표현 더 배워보기

sidewalk 인도, 보도
[사이드워억]

pedestrian crossing 횡단보도
[퍼데스트리언 크러-싱]

crosswalk 횡단보도
[크러-스워억]

traffic light 신호등
[트래픽 라잇]

intersection 교차로
[이너섹션]

rush hour (출퇴근) 혼잡시간대
[러쉬 아워]

traffic jam 교통체증
[트래픽 잼]

traffic report 교통정보
[트래픽 리퍼얼트]

이런 표현도 있어요!

Q. 묻는 표현	A. 답하는 표현
● 중간에 내려도 되나요? **Can I stop over on the way?** [캔 아이 스탑 오우버 언 더 웨이]	아니요, 안 됩니다. **No, you can't.** [노우 유 캔트]
● 제가 내려야 할 때 알려 주실 수 있나요? **Can you tell me when it's my stop?** [캔 유 텔 미 웬 잇츠 마이 스탑] **Please tell me when I arrive there.** [플리-즈 텔 미 웬 아이 어라이브 데어]	그럼요. **No problem.** [노우 프라블럼]

✱ 단어   **stop over** [스탑 오우버] 도중하차하다   **on the way** [언 더 웨이] 도중에   **arrive** [어라이브] 도착하다

잘못 탔을 때

이동철 씨 부부는 버스를 타고 코니 아일랜드에 가려고 합니다. 그런데, 문제가 생겼네요. 아무래도 버스를 잘못 탄 것 같습니다. 버스기사에게 물어보려고 합니다.

배울 내용 미리보기

박선희   코니 아일랜드인가요?

이동철   음, 해변이 보이지 않는데.

박선희   길을 잃은 거 같은데요.

실례합니다. **35 Is this the bus to Coney Island?**

버스기사   아니요. 코니 아일랜드행 버스는 B36번입니다. 이것은 Q36번이고요.

박선희   우리가 실수했군요.

36 Can you help us get to Coney Island?

버스기사   물론이죠. 걱정하지 마세요.

Is this the bus to Coney Island?

[이즈 디스 더 버스 투 코우니 아일랜드]

코니 아일랜드행 버스인가요?

직역하면 '이것은 코니 아일랜드로 향하는 버스인가요?'라는 의미입니다.
'Is this + 교통수단 + to + 목적지?' 형태로 여행지에서 길을 물을 때 많이 쓰는 표현입니다.

기본 패턴 익히기

Q

Is this the bus **to** Coney Island?
[이즈 디스 더 버스 투 코우니 아일랜드]

코니 아일랜드행 버스인가요?

Is this the bus **to** Central Park?
[이즈 디스 더 버스 투 센트럴 파알크]

센트럴파크행 버스인가요?

Is this the train **to** Busan?
[이즈 디스 더 트레인 투 부산]

부산행 열차인가요?

Is this the flight **to** New York?
[이즈 디스 더 플라잇 투 누-여억]

뉴욕행 비행기인가요?

A

No. The Coney Island bus is B36.
[노우 더 코우니 아일랜드 버스 이즈 비- 써얼티식스]

아니요. 코니 아일랜드 버스는 B36번입니다.

Yes, it is.
[예스 잇 이즈]

네, 그렇습니다.

Yes. It takes 3 hours to get to Busan.
[예스 잇 테이크스 쓰리- 아워즈 투 겟 투 부산]

네. 부산까지 세 시간 걸립니다.

Yes. Please stand in line.
[예스 플리-즈 스탠드 인 라인]

네. 줄을 서 주세요.

✱ 단어   **get to** [겟 투] ~에 도착하다   **stand in line** [스탠드 인 라인] (일렬로) 줄을 서다

Can you help us get to Coney Island?

[캔 유 헬프 어스 겟 투 코우니 아일랜드]

코니 아일랜드까지 가는데 도와주시겠어요?

직역하면 '우리가 코니 아일랜드까지 가는 것을 도와줄 수 있습니까?'라는 뜻입니다.
'help + 사람 + (to) 동사원형'는 '00가 ~하는 것을 돕다'라는 의미의 문형으로, to는 생략이 가능합니다.

 기본 패턴 익히기

Q

Can you help us get to Coney Island?

[캔 유 헬프 어스 겟 투 코우니 아일랜드]

코니 아일랜드까지 가는데 도와주시겠어요?

Can you help us carry this box?

[캔 유 헬프 어스 캐리 디스 박스]

이 상자 옮기는 것을 도와주시겠어요?

Can you help me pass the exam?

[캔 유 헬프 미 패스 디 이그잼]

시험에 합격하도록 도와주시겠어요?

Can you help me win the game?

[캔 유 헬프 미 윈 더 게임]

시합에 이기도록 도와주시겠어요?

A

Sure. Don't worry.

[서-리 도운트 워-리]

물론이죠. 걱정 마세요.

Of course. I'll help you.

[어브 커얼스 아일 헬프 유]

물론이죠. 제가 도와드릴게요.

With pleasure.

[위드 플레줘]

기꺼이 그러죠.

Okay. How can I help you?

[오우케이 하우 캔 아이 헬프 유]

네. 어떻게 도와드릴까요?

✱ 단어　　carry [캐리] 옮기다　**pass** [패스] 합격하다　**exam** [이그잼] 시험　**win** [윈] 이기다　**worry** [워-리] 걱정하다
pleasure [플레줘] 기쁨

박선희 코니 아일랜드인가요?

Is this Coney Island?

[이즈 디스 코우니 아일랜드]

이동철 음, 해변이 보이지 않는데.

Well, I don't see the beach.

[웰 아이 도운트 사 더 바―치]

박선희 길을 잃은 거 같은데요.

I think we're lost.

[아이 씽크 위어 라―스트]

실례합니다. 코니 아일랜드행 버스인가요?

Pardon me. Is this the bus to Coney Island?

[파―든 마 이즈 디스 더 버스 투 코우니 아일랜드]

버스기사 아니요. 코니 아일랜드행 버스는 B36번입니다. 이것은 Q36번이고요.

Nope. The Coney Island bus is B36. This is bus Q36.

[노웁 더 코우니 아일랜드 버스 이즈 바― 써얼티식스 디스 이즈 버스 큐― 써얼티식스]

박선희 우리가 실수했군요.

We made a mistake.

[위 메이드 어 미스테이크]

코니 아일랜드까지 가는데 도와주시겠어요?

Can you help us get to Coney Island?

[캔 유 헬프 어스 겟 투 코우니 아일랜드]

버스기사 물론이죠. 걱정하지 마세요.

Sure. Don't worry.

[슈어 도운트 워―리]

✳ 단어 beach [비―치] 해변 pardon me [파―든 마] 미안해요, 죄송합니다 nope [노웁] 아니, 아니오 (no보다 격식 없이 쓰는 표현) make a mistake [메이크 어 미스테이크] 실수하다

146

연습문제 확인하기

I. 보기의 주어진 단어를 참고하여 문장을 만들어 보세요.

1　보기 | the flight to New York / the train to Busan / the bus to Central Park

　① Is this ＿＿＿＿＿＿＿＿＿＿＿？ (센트럴파크행 버스)

　② Is this ＿＿＿＿＿＿＿＿＿＿＿？ (부산행 열차)

　③ Is this ＿＿＿＿＿＿＿＿＿＿＿？ (뉴욕행 비행기)

2　보기 | carry this box / pass the exam / win the game

　① Can you help us ＿＿＿＿＿＿＿＿＿＿？ (이 상자 옮기는 것)

　② Can you help me ＿＿＿＿＿＿＿＿＿＿？ (시험에 합격하는 것)

　③ Can you help me ＿＿＿＿＿＿＿＿＿＿？ (시합에 이기는 것)

II. 빈칸에 알맞은 단어를 보기에서 골라 써 넣으세요.

보기 | lost　　　mistake　　　beach　　　worry

1 해변이 보이지 않는데. ⋯▶ I don't see the ＿＿＿＿＿＿＿.

2 길을 잃은 거 같은데요. ⋯▶ I think we're ＿＿＿＿＿＿＿.

3 우리가 실수했군요. ⋯▶ We made a ＿＿＿＿＿＿＿.

4 걱정하지 마세요. ⋯▶ Don't ＿＿＿＿＿＿＿.

III. 다음 문장을 해석해 보세요.

1 Is this the bus to Coney Island?

　⋯▶ ＿＿＿＿＿＿＿＿＿＿＿＿＿＿＿＿＿＿＿

2 Can you help us get to Coney Island?

　⋯▶ ＿＿＿＿＿＿＿＿＿＿＿＿＿＿＿＿＿＿＿

유용한 표현 더 배워보기

express bus 고속버스
[익스프레스 버스]

double-decker 2층버스
[더블 데커]

short cut 지름길
[쇼올트 컷]

tow truck 견인차
[토우 트럭]

directly 곧장
[디렉틀리]

speed up 속도를 더 내다
[스피-드 업]

toll fee 톨비, 통행료
[토울 피-]

lost-and-found 분실물센터
[러-스트 앤드 파운드]

Q. 묻는 표현	A. 답하는 표현
● 이 지도에서 제가 어디에 있는 거죠? **Where am I on this map?** [웨어 앰 아이 언 디스 맵]	죄송해요. 저도 여기는 초행이에요. **I'm sorry. I'm a stranger here.** [아임 서-리 아임 어 스트레인줘 히어]
● 유니온 스퀘어로 가려면 어떤 출구로 가야 하죠? **What is the exit for *Union Square?** [왓 이즈 디 엑시트 퍼 유니언 스퀘어]	A출구입니다. **Exit A.** [엑시트 에이]

* Union Square : 유니온 스퀘어(미국 샌프란시스코에 있는 유명 관광명소. 뉴욕에도 동명의 광장이 있음)

✱ 단어   stranger [스트레인줘] 낯선 사람

148

알아두면 도움이 되는 여행정보

현지 교통을 싸고 편리하게 이용하기!

요즘 웬만한 대도시에는 지하철이나 버스 노선이 잘 발달되어 있어, 생각보다 가고 싶은 곳을 쉽게 갈 수 있습니다.

그런데 편리한 만큼 교통비가 상대적으로 우리나라보다 비싸죠. 그렇지만 혜택을 볼 수 있는 다양한 교통패스들이 있습니다. 여행지에 머무는 기간과 여행의 성격을 고려하여 선택하면 되는데요. 여행을 떠나기 전 미리 정보를 검색해 보면 좋겠죠.

예를 들어, 미국의 뉴욕은 버스와 지하철을 함께 이용할 수 있는 Metro Card(메트로카드)가 있습니다. 이것은 정해진 기간 동안 이용할 수 있는 무제한 탑승권과 금액을 할인해 주는 금액 할인권이 있는데, 여러 곳을 많이 돌아다닐 예정이라면 무제한 탑승권이 훨씬 이득이겠죠. 이것도 기간별로 1일권, 7일권, 14일권, 30일권으로 나뉘어져 있어 자신의 여행 기간에 맞춰 알맞은 것을 고르면 됩니다.

홍콩의 옥토퍼스 카드는 우리나라의 교통카드처럼 할인된 요금으로 이용할 수 있습니다. 필요한 금액을 충전하여 편의점 등에서 결제도 가능한 편리한 기능을 가지고 있어 유용합니다.

또, 미리 예매할수록 싸게 구입할 수 있는 표도 있습니다.

유럽을 여행할 수 있는 유로패스 같은 경우, 여행 일정이 정해졌다면 필요한 구간의 표를 미리 알아보세요. 일찍 구입할수록 좀 더 저렴한 표를 구할 수 있답니다.

© 김정희

CHAPTER 07

쇼핑
Shopping

UNIT 1 옷 가게

Are you buying anything? 뭐 좀 살래요?
[아- 유 바잉 애니씽]

Where can I buy a nice men's suit? 어디서 멋진 남성복을 살 수 있을까요?
[웨어 캔 아이 바이 어 나이스 멘즈 수웃]

UNIT 2 기념품 숍

Look at all the T-shirts! 티셔츠들 좀 봐요!
[룩 앳 어얼 더 티- 셔얼츠]

Let's buy some for the grandkids. 손자들에게 줄 것 좀 사요.
[렛츠 바이 섬 퍼 더 그랜드키즈]

UNIT 3 환불

Can I return this cactus? 이 선인장을 반품해도 될까요?
[캔 아이 리터언 디스 캑터스]

We're just visiting New York. 그냥 뉴욕에 놀러 온 건데요.
[위어 저스트 비지팅 누-여억]

옷 가게

이동철 씨와 박선희 씨는 뉴욕에서 쇼핑하기 좋은 곳으로 유명한 소호의 쇼핑거리를 둘러보며 쇼핑을 즐기고 있습니다.

배울 내용 미리보기

박선희	**37 Are you buying anything?**
이동철	옷은 필요 없어요.
박선희	정장을 사요.
이동철	집에 다섯 벌이나 있잖아요.
박선희	실례합니다.
	38 Where can I buy a nice men's suit?
판매원	엠포리오에 1,500달러짜리 품격 있는 정장이 좀 있답니다.

Are you buying anything?

[아– 유 바잉 애니씽]

뭐 좀 살래요?

'**Are you buying~?**'은 '**~을 살 거예요?**'라는 의미의 문형입니다.
뒤에 다양한 사물을 넣어 활용해 보세요.

기본 패턴 익히기

Q

Are you buying anything?   뭐 좀 살래요?
[아– 유 바잉 애니씽]

Are you buying some water?   물 좀 살래요?
[아–유 바잉 섬 워–터]

Are you buying some snacks?   간식 좀 살래요?
[아– 유 바잉 섬 스낵스]

Are you buying a T-shirt?   티셔츠 한 장 살래요?
[아– 유 바잉 어 티– 셔얼트]

A

I don't need any clothes.   옷은 필요 없어요.
[아이 도운트 니–드 애니 클로우즈]

Yes. I'm thirsty. [예스 아임 써얼스티]   그래요. 목이 마르네요.

I'm buying some cookies.   쿠키 좀 사려고요.
[아임 바잉 섬 쿠키즈]

No. I'm buying a cap.   아니요. 야구모자 하나 살래요.
[노우 아임 바잉 어 캡]

✳ plus tip anything은 '어떤 것, 무언가'라는 의미로, 정해지지 않은 물건을 칭할 때 씁니다. 긍정문일 때는 something을, 부정문이나 의문문에서는 anything을 씁니다.

 단어 anything [애니씽] 무언가 snack [스낵] 간식 T-shirt [티– 셔얼트] 티셔츠 need [니–드] 필요하다
clothes [클로우즈] 옷 thirsty [써얼스티] 목이 마른 cap [캡] 야구모자

Where can I buy a nice men's suit?

[웨어 캔 아이 바이 어 나이스 멘즈 수웃]

어디서 멋진 남성복을 살 수 있을까요?

'**Where can we buy~?**'는 '**어디서 ~을 살 수 있을까요?**'라는 뜻의 문형입니다.
상점을 추천 받고 싶을 때나 상점의 위치를 물을 때 쓸 수 있는 표현입니다.

 기본 패턴 익히기

Q

Where can I buy a nice men's suit?   어디서 멋진 남성복을 살 수 있을까요?
[웨어 캔 아이 바이 어 나이스 멘즈 수웃]

Where can I buy a ticket?   어디서 표를 살 수 있을까요?
[웨어 캔 아이 바이 어 티킷]

Where can I buy some souvenirs?   어디서 기념품을 좀 살 수 있을까요?
[웨어 캔 아이 바이 섬 수-버니어스]

Where can I buy some drinks?   어디서 음료수를 좀 살 수 있을까요?
[웨어 캔 아이 바이 섬 드링크스]

A

Emporio has some elegant $1,500 suits.
[엠포리오 해즈 섬 엘리건트 피프틴 헌드레드 달러즈 수-츠]   엠포리오에 1,500달러짜리 품격 있는 정장이 좀 있답니다.

You can buy a ticket at the information desk.   안내창구에서 표를 살 수 있어요.
[유 캔 바이 어 티킷 앳 디 인퍼메이션 데스크]

There is a souvenir shop on 5th Avenue.   5번가에 기념품 가게가 있어요.
[데어 이즈 어 수-버니어 샵 언 피프쓰 애버뉴-]

There is a convenience store on the 1st floor.   1층에 편의점이 있어요.
[데어 이즈 어 컨비-니언스 스토어 언 더 퍼얼스트 플러-]

 단어   nice [나이스] 멋진 suit [수웃] 정장 souvenir [수-버니어] 기념품 elegant [엘리건트] 우아한, 품격 있는
information desk [인퍼메이션 데스크] 안내창구 avenue [애버뉴-] 대로, ~가 convenience store
[컨비-니언스 스토어] 편의점

박선희	뭐 좀 살래요?

Are you buying anything?

[아— 유 바잉 애니씽]

이동철	옷은 필요 없어요.

I don't need any clothes.

[아이 도운트 니—드 애니 클로우즈]

박선희	정장을 사요.

Buy a suit.

[바이 어 수웃]

이동철	집에 다섯 벌이나 있잖아요.

I have 5 suits at home.

[아이 해브 파이브 수—츠 앳 호움]

박선희	실례합니다.

Excuse me.

[익스큐—즈 마—]

어디서 멋진 남성복을 살 수 있을까요?

Where can I buy a nice men's suit?

[웨어 캔 아이 바이 어 나이스 멘즈 수웃]

판매원	엠포리오에 1,500달러짜리 품격 있는 정장이 좀 있답니다.

Emporio has some elegant $1,500 suits.

[엠포리오 해즈 섬 엘리건트 피프틴 헌드레드 달러즈 수—츠]

연습문제 확인하기

I. 보기의 주어진 단어를 참고하여 문장을 만들어 보세요.

1   보기 | some snacks / a T-shirt / some water

① Are you buying _____? (물 좀)

② Are you buying _____? (간식 좀)

③ Are you buying _____? (티셔츠 한 장)

2   보기 | some drinks / some souvenirs / a ticket

① Where can I buy _____? (표)

② Where can I buy _____? (기념품을 좀)

③ Where can I buy _____? (음료수를 좀)

II. 빈칸에 알맞은 단어를 보기에서 골라 써 넣으세요.

보기 | Buy   Excuse   at home   need

1 옷은 필요 없어요. ···▶ I don't _____ any clothes.

2 정장을 사요. ···▶ _____ a suit.

3 집에 다섯 벌이나 있잖아요. ···▶ I have 5 suits _____.

4 실례합니다. ···▶ _____ me.

III. 다음 문장을 해석해 보세요.

1 Are you buying anything?

···▶ _____

2 Where can I buy a nice men's suit?

···▶ _____

유용한 표현 더 배워보기

단어만 알아도 편해요!

fitting room 탈의실
[피팅 루움]

skirt 치마
[스커얼트]

dress 원피스
[드레스]

jacket 재킷, 상의
[재킷]

jumper 점퍼
[점퍼]

pullover 풀오버(앞이 트여 있지 않은 스웨터)
[풀오우버]

turtleneck 터틀넥(긴 목 부분을 접어서 입는 스웨터)
[터–틀넥]

scarf 스카프
[스카알프]

이런 표현도 있어요!

Q. 묻는 표현	A. 답하는 표현
● 무엇을 도와드릴까요? **May I help you?** [메이 아이 헬프 유]	괜찮아요. 그냥 둘러보고 있어요. **No thanks. I'm just looking around.** [노우 쌩스 아임 저스트 루킹 어라운드]
● 이거 입어 봐도 되요? **Can I try this on?** [캔 아이 트라이 디스 언]	물론이죠. 탈의실은 여기입니다. **Sure. The fitting room is over here.** [슈어 더 피팅 루움 이즈 오우버 히어] 아니요. 흰색 티셔츠는 입어 보실 수 없습니다. **No. You can't try on white T-shirts.** [노우 유 캔트 트라이 언 화이트 티– 셔얼츠]

✱ 단어   **just** [저스트] 그저, 단지   **look around** [룩 어라운드] 둘러보다   **try on** [트라이 언] 입어 보다
white [화이트] 흰

기념품 숍

뉴욕에 놀러 온 사람들은 귀국할 때 기념품을 많이 사곤 합니다. 이동철 씨와 박선희 씨 도 시내의 기념품 숍에 들려 구경하면서 선물할 것들을 고르고 있습니다.

배울 내용 미리보기

이동철 **³⁹ Look at all the T-shirts!**

한 벌당 겨우 10달러래요.

박선희 **⁴⁰ Let's buy some for the grandkids.**

이동철 머그잔도 좀 사요. 친구들에게 줄 수 있으니.

박선희 당신은 기념품 어때요?

이동철 흠…… 난 야구를 좋아하니까. 뉴욕 양키즈 모자를 살 거요.

39 Look at all the T-shirts!

[룩 앳 어얼 더 티– 셔얼츠]

티셔츠들 좀 봐요!

'**look at**'은 '**~을 보다**'라는 뜻의 숙어입니다. 여기서 **at** 뒤에는 목표물이나 행동의 대상이 나옵니다.
이 문형은 주어 없이 동사원형으로 시작하는 명령문입니다.

기본 패턴 익히기

Q

Look at all the T-shirts!

[룩 앳 어얼 더 티– 셔얼츠]

티셔츠들 좀 봐요!

Look at the blue sky!

[룩 앳 더 블루– 스카이]

푸른 하늘 좀 봐요!

Look at the cute boy!

[룩 앳 더 큐–트 버이]

저 귀여운 소년 좀 봐요!

Look at me!

[룩 앳 미–]

날 좀 봐요!

A

They are so cheap. [데이 아– 소우– 치입]

정말 싸군요.

It's very beautiful. [잇츠 베리 뷰터펄]

매우 아름답네요.

Where? I can't see him.

[웨어 아이 캔트 시– 힘]

어디요? 난 안 보이는데.

Sorry. Did you say something?

[서–리 디 쥬 세이 섬씽]

미안해요. 뭔가 말했나요?

 plus tip 공손한 표현을 할 때에는 명령문 맨 앞이나 맨 뒤에 '제발, 부디'라는 의미의 please[플리–즈]를 추가
합니다.

☀ 단어 look at [룩 앳] ~을 보다 cute [큐–트] 귀여운 cheap [치입] 값이 싼

40 Let's buy some for the grandkids.

[렛츠 바이 섬 퍼 더 그랜드키즈]

손자들에게 줄 것 좀 사요.

'Let's + 동사 + some for + 대상'은 '00에게 줄 것을 좀 ~합시다'라는 뜻의 문형입니다.
for는 '~을 위해'라는 의미의 전치사로, 여기서는 '~에게 줄'이라는 뜻으로 해석할 수 있습니다.
(Let's~는 챕터 4 표현 20 p.93을 참고)

 기본 패턴 익히기

Q

Let's buy **some for** the grandkids.
[렛츠 바이 섬 퍼 더 그랜드키즈]

손자들에게 줄 것 좀 사요.

Let's buy **some for** my parents.
[렛츠 바이 섬 퍼 마이 페어런츠]

부모님께 드릴 것 좀 사요.

Let's cook **some for** my friends.
[렛츠 쿡 섬 퍼 마이 프렌즈]

친구들에게 줄 것 좀 요리해요.

Let's make **some for** Lucy.
[렛츠 메이크 섬 퍼 루시]

루시에게 줄 것 좀 만들어요.

A

How about toys?
[하우 어바웃 터이즈]

장난감 어때요?

What color?
[왓 컬러]

무슨 색깔로요?

We don't have time.
[위 도운트 해브 타임]

우린 시간이 없는데요.

What kind?
[왓 카인드]

어떤 종류로요?

✱ 단어   grandkid [그랜드키드] 손자   parents [페어런츠] 부모   cook [쿡] 요리하다   friend [프렌드] 친구
toy [터이] 장난감   color [컬러] 색깔

실전회화 익히기

이동철　티셔츠들 좀 봐요! .
Look at all the T-shirts!
[룩 앳 어얼 더 타- 셔얼츠]

한 벌당 겨우 10달러래요
They're only $10 each.
[데어 오운리 텐 달러즈 아-치]

박선희　손자들 줄 것 좀 사요.
Let's buy some for the grandkids.
[렛츠 바이 섬 퍼 더 그랜드키즈]

이동철　머그잔도 좀 사요.　　　친구들에게 줄 수 있으니.
Buy some mugs too. We can give them to our friends.
[바이 섬 머그스 투-]　　[위 캔 기브 뎀 투 아워 프렌즈]

박선희　당신은 기념품 어때요?
Do you want a souvenir?
[두 유 원트 어 수-버니어]

이동철　흠…… 난 야구를 좋아하니까.　　뉴욕 양키스 모자를 살 거요.
Hmm…… I like baseball. I'll get a *N.Y. Yankees cap.
[흠 아이 라이크 베이스버얼]　　[아일 겟 어 누-여억 앵키즈 캡]

* N.Y. Yankees : 뉴욕 양키스(미국 프로야구 메이저리그에서 아메리칸리그 동부지구에 속한 구단으로 뉴욕주 뉴욕을 연고지
　　로 함)

＊ 단어　each [이-치] 각 ～　mug [머그] 머그잔(손잡이가 있고 받침접시가 없는 큰 컵)
baseball [베이스버얼] 야구

연습문제 확인하기

I. 보기의 주어진 단어를 참고하여 문장을 만들어 보세요.

1 보기 │ the cute boy / the blue sky / me

① Look at _____ ! (푸른 하늘)

② Look at _____ ! (저 귀여운 소년)

③ Look at _____ ! (나)

2 보기 │ Lucy / my parents / my friends

① Let's buy some for _____ ! (부모님)

② Let's cook some for _____ ! (친구들)

③ Let's make some for _____ ! (루시)

II. 빈칸에 알맞은 단어를 보기에서 골라 써 넣으세요.

보기 │ give   each   too   get

1 한 벌당 겨우 10달러래요. ⋯ They're only $10 _____ .

2 머그잔도 좀 사요. ⋯ Buy some mugs _____ .

3 친구들에게 줄 수 있으니. ⋯ We can _____ them to our friends.

4 뉴욕 양키스 모자를 살 거요. ⋯ I'll _____ a N.Y. Yankees cap.

III. 다음 문장을 해석해 보세요.

1 Look at all the T-shirts!

⋯▸ _____

2 Let's buy some for the grandkids.

⋯▸ _____

유용한 표현 더 배워보기

단어만 알아도 편해요!

key chain 열쇠고리
[키- 체인]

magnet 자석
[맥넛]

ornament 장식품
[어-너먼트]

postcard 엽서
[포우스트카알드]

tray 쟁반
[트레이]

coaster 컵받침
[코우스터]

photo frame 액자
[포우토우 프레임]

kitchenware 주방용품
[키친웨어]

이런 표현도 있어요!

Q. 묻는 표현	A. 답하는 표현
● 이거 얼마예요? **How much does this cost?** [하우 머치 더즈 디스 커-스트]	그건 15달러입니다. **That's $15.** [댓츠 피프틴 달러즈]
● 깎아 줄 수 있어요? **Can you give a discount?** [캔 유 기브 어 디스카운트]	죄송합니다만, 그것은 최종 가격입니다. **Sorry, that's the final price.** [서-리 댓츠 더 파이늘 프라이스] 한 개 더 사시면 깎아 드릴게요. **If you buy one more, I can give you a discount.** [이프 유 바이 원 모어 아이 캔 기브 유 어 디스카운트]

✳ **단어**　　**give a discount** [기브 어 디스카운트] 할인하다　**final** [파이늘] 마지막의　**price** [프라이스] 가격

3 환불

이동철 씨 부부는 새로 산 선인장이 한국에 돌아갈 때 가져가지 못한다는 것을 알게 됩니다. 그래서 그들은 선인장을 환불하기 위해 다시 꽃가게를 찾습니다.

배울 내용 미리보기

박선희 실례합니다. **⁴¹ Can I return this cactus?**

꽃집 주인 왜 그러시죠? 문제가 있나요?

이동철 **⁴² We're just visiting New York.**

저희가 한국으로 식물을 가져갈 수 없더라고요.

꽃집 주인 알겠습니다. 영수증 있으신가요?

박선희 네, 있어요.

꽃집 주인 감사합니다. 여기 환불액 돌려 드립니다. 34달러입니다.

Can I return this cactus?
[캔 아이 리터언 디스 캑터스]

이 선인장을 반품해도 될까요?

'**Can I return ~?**' 문형은 '**~을 반품[반납]해도 될까요?**'라는 뜻으로 구입한 물건을 반품하거나 도서관에서 책을 반납할 때 쓸 수 있는 표현입니다.

Q

Can I return this cactus?
[캔 아이 리터언 디스 캑터스]

이 선인장을 반품해도 될까요?

Can I return this ticket?
[캔 아이 리터언 디스 티킷]

이 표를 반환해도 될까요?

Can I return these pants?
[캔 아이 리터언 디-즈 팬츠]

이 바지를 반품해도 될까요?

Can I return these books?
[캔 아이 리터언 디-즈 북스]

이 책들을 반납해도 될까요?

A

Why? What's the problem?
[와이 왓츠 더 프라블럼]

왜 그러시죠? 무슨 문제가 있으신가요?

Sorry. All sales are final.
[서-리 어얼 세일즈 아 파이늘]

죄송합니다. 모든 것은 한 번 판매되면 취소가 안 됩니다.

Do you have a receipt?
[두 유 해 버 리시잇]

영수증 갖고 계세요?

Yes. Please show me your ID card.
[예스 플리-즈 쇼우 미 유어 아이디- 카알드]

네. 신분증을 보여 주세요.

✱ 단어　　return [리터언] 돌려주다　cactus [캑터스] 선인장　pants [팬츠] 바지(항상 복수형)　show [쇼우] 보여 주다
ID card [아이디- 카알드] 신분증

42 We're just visiting New York.

[위어 저스트 비지팅 누-여억]

그냥 뉴욕에 놀러 온 건데요.

just는 '그냥, 단지, ~일뿐'라는 의미의 단어로, 위치에 주의하세요.
'We're just -ing' 문형은 **'우리는 그냥 ~하는 건데요'**라는 뜻으로, 종종 쓰는 표현입니다.

Q

Is there a problem?
[이즈 데어 어 프라블럼]

문제가 있나요?

May I help you?
[메이 아이 헬프 유]

도와드릴까요?

What are you doing?
[왓 아- 유 두잉]

뭐 하고 있나요?

What's wrong?
[왓츠 러엉]

무슨 일인가요?

A

We're just visiting New York.
[위어 저스트 비지팅 누-여억]

그냥 뉴욕에 놀러 온 건데요.

No. **We're just** looking around.
[노우 위어 저스트 루킹 어라운드]

아니요. 그냥 구경하는 건데요.

I'm just making coffee.
[아임 저스트 메이킹 커-피]

그냥 커피를 끓이고 있는데요.

Nothing. **I'm just** checking the map.
[낫씽 아임 저스트 첵킹 더 맵]

아무것도 아니에요. 그냥 지도를 확인하는 건데요.

✳ 단어 look around [룩 어라운드] 구경하다   make coffee [메이크 커-피] 커피를 끓이다

박선희   실례합니다. 이 선인장을 반품해도 될까요?

Excuse me? Can I return this cactus?

[익스큐─즈 마─ 캔 아이 리터언 디스 캑터스]

꽃집 주인   왜 그러시죠? 무슨 문제가 있나요?

Why? What's the problem?

[와이 왓츠 더 프라블럼]

이동철   그냥 뉴욕에 놀러 온 건데요.

We're just visiting New York.

[위어 저스트 비지팅 누─여억]

저희가 한국으로 식물을 가져갈 수 없더라고요.

We can't bring plants back to South Korea.

[위 캔트 브링 플랜츠 백 투 사우쓰 커라─어]

꽃집 주인   알겠습니다. 영수증 있으신가요?

I understand. Do you have the receipt?

[아이 언더스탠드 두 유 해브 더 리시잇]

박선희   네, 있어요.

Yes, we do.

[예스 위 두]

꽃집 주인   감사합니다. 여기 환불액 돌려 드립니다. 34달러입니다.

Thanks. Here's your money back. $34.

[쌩스 히어즈 유어 머니 백 써얼티파─ 달러즈]

✱ 단어   bring [브링] 가져오다   plant [플랜트] 식물   understand [언더스탠드] 알다, 이해하다

연습문제 확인하기

I. 보기의 주어진 단어를 참고하여 문장을 만들어 보세요.

1 보기 │ this ticket / these pants / these books

① Can I return ＿＿＿＿＿＿＿＿＿＿? (이 표)

② Can I return ＿＿＿＿＿＿＿＿＿＿? (이 바지)

③ Can I return ＿＿＿＿＿＿＿＿＿＿? (이 책들)

2 보기 │ checking the map / making coffee / looking around

① We're just ＿＿＿＿＿＿＿＿. (구경하다)

② I'm just ＿＿＿＿＿＿＿＿. (커피를 끓이다)

③ Nothing. I'm just ＿＿＿＿＿＿＿＿. (지도를 확인하다)

II. 빈칸에 알맞은 단어를 보기에서 골라 써 넣으세요.

보기 │ bring　　back　　receipt　　problem

1 무슨 문제가 있나요? ⋯ What's the ＿＿＿＿＿＿?

2 저희가 한국으로 식물을 가져갈 수 없더라고요.

⋯ We can't ＿＿＿＿＿＿ plants back to South Korea.

3 영수증 있으신가요? ⋯ Do you have the ＿＿＿＿＿＿?

4 여기 환불액 돌려 드립니다. ⋯ Here's your money ＿＿＿＿＿＿.

III. 다음 문장을 해석해 보세요.

1 Can we return this cactus?

⋯ ＿＿＿＿＿＿＿＿＿＿＿＿＿＿＿＿＿＿＿

2 We're just visiting New York.

⋯ ＿＿＿＿＿＿＿＿＿＿＿＿＿＿＿＿＿＿＿

유용한 표현 더 배워보기

단어만 알아도 편해요!

department store 백화점
[디파알트먼트 스터-]

shopping mall 쇼핑몰
[샤핑 머얼]

flea market 벼룩시장
[플리- 마알킷]

bookstore 서점
[북스터-]

toy store 장난감 가게
[터이 스터-]

pharmacy 약국
[파머시]

grocery store 식료품점
[그로우서리 스터-]

fish market 수산시장
[피쉬 마알킷]

이런 표현도 있어요!

Q. 묻는 표현	A. 답하는 표현
● 언제까지 반품해야 하나요? **When should I return this by?** [웬 슈드 아이 리터언 디스 바이]	2주 내로 가능합니다. **Within 2 weeks.** [위딘 투- 위익스]
● 이걸 반품해도 될까요? **Can I get a refund for this?** [캔 아이 겟 어 리펀드 퍼 디스]	죄송합니다, 환불 및 반품이 불가합니다. **Sorry. No refunds, no returns.** [서-리 노우 리펀즈 노우 리터언스] 다른 것으로 교환해 드릴 수 있습니다. **You can exchange it for something else.** [유 캔 익스체인쥐 잇 퍼 섬씽 엘스]

✱ **단어** **within** [위딘] (특정한 기간) 이내에 **exchange** [익스체인쥐] 바꾸다 **else** [엘스] 다른

168

알아두면 도움이 되는 여행정보

외국인도 활용할 수 있는 쇼핑 노하우 Tip!

단기간 머물고 가는 외국인 여행객이라고 무조건 바가지 요금을 써야 할까요? 절대 그럴 수 없죠. 외국인이라도 조금만 신경 쓴다면, 좋은 상품을 저렴한 가격으로 구입할 수 있답니다.

쇼핑의 고수들이 알려 주는 팁 좀 소개할게요.

우선, 세일을 이용하라는 것입니다. '세일', 'SALE' 이 문구는 세계 어디에서도 쇼퍼들의 눈을 반짝이게 합니다. 나라마다 대규모 세일 시즌이 차이가 좀 있긴 하지만, 만약 내가 여행하려는 곳의 세일 시즌이 마침 끼어 있다면 쇼핑도 일정 중에 확실히 넣어주세요.

쇼핑의 천국 홍콩은 설 명절을 앞두고 세일을 가장 크게 하고, 뉴욕은 추수감사절부터 크리스마스까지가 대대적인 세일 행사가 있습니다. 물론, 아울렛이나 할인매장에서 세일까지 만난다면 마치 횡재한 느낌일 듯!

외국은 상품에 세금이 따로 붙기 때문에 표시된 가격만 보고 선뜻 집으면 큰일납니다. 미국은 주마다 세금의 비율이 다르기 때문에 미리 확인해 보는 것도 좋습니다. 그리고 유럽은 택스 리펀드(Tax Refund)가 있어서 귀국하기 전에 세금을 환불 받을 수 있습니다. 신문에 나오는 세일 소식이나 전단지 쿠폰을 살펴보는 것도 하나의 팁입니다.

그리고 교환이나 환불할 경우를 대비해 영수증이나 포장은 바로 버리지 마세요.

© 김정희

CHAPTER 08

교제
Making Friends

UNIT 1 인사 및 소개

This is my boyfriend David. 이쪽은 제 남자 친구 데이비드예요.
[디스 이즈 마이 버이프렌드 데이빗]

So what do you do David? 그럼 데이비드 자네는 직업이 뭔가?
[소우– 왓 두 유 두 데이빗]

UNIT 2 초대

Are you busy tomorrow night? 내일 저녁에 바쁘세요?
[아– 유 비지 터마–러우 나잇]

That sounds terrific! 그거 좋은데요!
[댓 사운즈 터리픽]

UNIT 3 파티

Have you tried Korean food? 한국 요리 먹어 봤어요?
[해브 유 트라이드 커리–언 푸–드]

I'll make you a delicious Korean meal! 제가 맛있는 한국 음식을 만들어 드릴게요!
[아일 메이크 유 어 딜리셔스 커리–언 미일]

인사 및 소개

드디어, 이동철 씨 부부는 딸 혜나의 남자 친구를 만나게 됩니다. 한 야외 테라스 바에서 만나서 이야기를 나눕니다. 분위기가 좀 어색하기도 하고 긴장감도 흐르지만, 이야기를 나누다가 서로 공통점을 발견하면서 화기애애해집니다.

배울 내용 미리보기

혜나	엄마, 아빠. **⁴³ This is my boyfriend David.**
데이비드	만나 뵙게 되어 반갑습니다!
박선희	나도 만나서 반가워요. 이 도시가 참 마음에 드네요.
이동철	**⁴⁴ So what do you do David?**
데이비드	사진 촬영 스튜디오를 운영하고 있습니다.
이동철	오, 나도 사진을 좋아한다네.

This is my boyfriend David.

[디스 이즈 마이 버이프렌드 데이빗]

이쪽은 제 남자 친구 데이비드예요.

사람을 소개할 때는 'He is'나 'She is'라고 하지 않고, **'This is ~'**라고 합니다.
또 전화 통화에서 자신을 밝힐 때에도 'I am'이라고 하지 않고 'This is ~'라고 해야 합니다.

기본 패턴 익히기

Q

This is my boyfriend David.
[디스 이즈 마이 버이프렌드 데이빗]

이쪽은 제 남자 친구 데이비드예요.

This is my son.
[디스 이즈 마이 선]

이쪽은 제 아들이에요.

This is my family.
[디스 이즈 마이 패멀리]

이쪽은 제 가족이에요.

This is my boss, Mr. Roberts.
[디스 이즈 마이 보-스 미스터 로버얼츠]

이쪽은 제 상사인 로버츠 씨입니다.

A

Great to meet you!
[그레잇 투 미잇 유]

만나서 반가워요!

Nice to meet you!
[나이스 투 미잇 유]

만나서 반가워요!

It's nice to see you!
[잇츠 나이스 투 사- 유]

만나서 반갑습니다!

I've heard a lot about you.
[아이브 허얼드 어 랏 어바웃 유]

말씀 많이 들었습니다.

 ＊단어　boyfriend [버이프렌드] 남자 친구　son [선] 아들　family [패멀리] 가족　boss [보-스] 상사, 상관
heard [허얼드] 들었다(hear(듣다)의 과거, 과거분사형)

44 So what do you do David?

[소우– 왓 두 유 두 데이빗]

그럼 데이비드 자네는 직업이 뭔가?

'**What do you do?**'는 직역하면 '당신은 무엇을 합니까?'라는 의미로, **직업을 물어보는 표현**입니다.

기본 패턴 익히기

Q

What do you do?
[왓 두 유 두]

당신의 직업은 뭔가요?

What does he do?
[왓 더즈 히 두]

그의 직업은 뭔가요?

What does your husband do?
[왓 더즈 유어 허즈번드 두]

남편의 직업은 뭔가요?

What does Mina do?
[왓 더즈 미나 두]

미나의 직업은 뭔가요?

A

I manage a photography studio.
[아이 매니쥐 어 퍼타그러피 스튜–디오우]

사진 촬영 스튜디오를 운영하고 있습니다.

He works for a bank.
[히 워얼크스 퍼 어 뱅크]

은행에서 일합니다.

He is a computer programmer.
[히 이즈 어 컴퓨터 프로우그래머]

컴퓨터 프로그래머입니다.

She runs a flower shop.
[쉬 런스 어 플라우어 샵]

꽃집을 경영하고 있습니다.

✱ 단어   husband [허즈번드] 남편 **manage** [매니쥐] 운영하다 **photography** [퍼타그러피] 사진 촬영 studio [스튜–디오우] 스튜디오 **work for** [워얼크 퍼] ～에서 일하다 **computer programmer** [컴퓨–터 프로우그래머] 컴퓨터 프로그래머 **run** [런] 경영하다

실전회화 익히기

헤나	엄마, 아빠. 이쪽은 제 남자 친구 데이비드예요.

Mom, Dad. This is my boyfriend David.

[맘 대드 디스 이즈 마이 버이프렌드 데이빗]

데이비드	만나 뵙게 되어 반갑습니다!

Great to meet you!

[그레잇 투 미잇 유]

박선희	나도 만나서 반가워요. 이 도시가 참 마음에 드네요!

Nice to meet you too. We love your city!

[나이스 투 미잇 유 투– 위 러브 유어 시티]

이동철	그럼 데이비드 자네는 직업이 뭔가?

So what do you do David?

[소우– 왓 두 유 두 데이빗]

데이비드	저는 사진 촬영 스튜디오를 운영하고 있습니다.

I manage a photography studio.

[아이 매니쥐 어 퍼타그러피 스튜–디오우]

이동철	오, 나도 사진 촬영을 좋아한다네.

Wow, I love photography too.

[와우 아이 러브 퍼타그러피 투–]

✻ 단어   mom [맘] 엄마(비격식어)   dad [대드] 아빠(비격식어)   love [러브] 사랑하다, 좋아하다   city [시티] 도시

174

연습문제 확인하기

I. 보기의 주어진 단어를 참고하여 문장을 만들어 보세요.

1 보기 │ my son / my boss, Mr. Roberts / my family

① This is _____ . (제 아들)
② This is _____ . (제 가족)
③ This is _____ . (제 상사인 로버츠 씨)

2 보기 │ your husband / Mina / he

① What does _____ do? (그)
② What does _____ do? (당신의 남편)
③ What does _____ do? (미나)

II. 빈칸에 알맞은 단어를 보기에서 골라 써 넣으세요.

보기 │ love   Great to   too   manage

1 만나 뵙게 되어 반갑습니다! ⋯ _____ meet you!

2 이 도시가 참 마음에 드네요! ⋯ We _____ your city!

3 저는 사진 촬영 스튜디오를 운영하고 있습니다.
  ⋯ I _____ a photography studio.

4 나도 사진 촬영을 좋아한다네. ⋯ I love photography _____ .

III. 다음 문장을 해석해 보세요.

1 This is my boyfriend David.
  ⋯ _____

2 So what do you do David?
  ⋯ _____

유용한 표현 더 배워보기

Oops! 앗채 (실수했을 때)
[웁스]

Ouch! 아야, 아이쿠! (갑자기 아플 때)
[아우치]

Phew! 휴우! (안도할 때)
[퓨우]

Eeek! 꺅! (무서운 것을 봤을 때)
[이익]

Yikes! 이크! (불쾌하거나 혐오스러울 때)
[야익스]

Hmmm. 음. (뭔가 생각할 때)
[으흠]

Humph! 흥! (불신하거나 경멸할 때)
[험프]

Wow! 우아! (기쁘거나 멋진 것을 봤을 때)
[와우]

이그건 표현도 있어요!

Q. 묻는 표현	A. 답하는 표현
● 성함이 어떻게 되세요? **May I have your name?** [메이 아이 해브 유어 네임]	'이'는 성이고, 이름은 '혜나'입니다. **Lee is my last name, Hyena is my first name.** [리– 이즈 마이 래스트 네임 혜나 이즈 마이 퍼얼스트 네임]
● 명함 좀 주시겠어요? **May I have your business card?** [메이 아이 해브 유어 비즈너스 카알드]	여기 있습니다. **Here's my card.** [히어즈 마이 카알드]

✳ 단어   last name [래스트 네임] 성   first name [퍼얼스트 네임] 이름   business card [비즈너스 카알드] 명함

UNIT 2 초대

저녁 9시, 호텔 룸에서 쉬고 있는 이동철 씨와 박선희 씨. 늦은 시각인데 전화벨이 울립니다.

배울 내용 미리보기

박선희	여보세요?
밀스 부인	여보세요, 박선희 씨? 저는 엘레노르 밀스인데, 데이비드 엄마입니다.
박선희	오 안녕하세요! 오늘 막 데이비드를 만났어요.
밀스 부인	네, 그러더라고요. ⁴⁵ **Are you busy tomorrow night?**
박선희	그럴 것 같지 않은데요. 왜 그러시죠?
밀스 부인	저희가 작은 파티를 여는 데요.
	남편분과 오실 수 있으세요?
박선희	물론이죠. ⁴⁶ **That sounds terrific!**

Are you busy tomorrow night?
[아- 유 비지 터마-러우 나잇]

내일 저녁에 바쁘세요?

'Are you busy?'는 **'당신은 바쁩니까?'**라는 뜻의 의문문입니다.
뒤에 시점을 나타내는 표현을 추가해서 사용합니다.

기본 패턴 익히기

Q

Are you busy tomorrow night?
[아- 유 비지 터마-러우 나잇]

내일 저녁에 바쁘세요?

Are you busy next weekend?
[아- 유 비지 넥스트 위-켄드]

다음 주말에 바쁘세요?

Are you busy this Friday?
[아- 유 비지 디스 프라이데이]

이번 금요일에 바쁘세요?

Are you busy on Christmas?
[아- 유 비지 언 크리스머스]

크리스마스에 바쁘세요?

A

I don't think so.
[아이 도운트 씽크 소우-]

그럴 것 같지 않은데요.

I think so.
[아이 씽크 소우-]

그럴 것 같은데요.

I don't have any plans.
[아이 도운트 해브 애니 플랜스]

별 계획은 없는데요.

I usually have a Christmas party with my family.
[아이 유-주얼리 해 버 크리스머스 파알티 위드 마이 패멀리]

보통 가족이랑 크리스마스 파티를 해요.

* 단어　　Christmas [크리스머스] 크리스마스　plan [플랜] 계획　usually [유-주얼리] 보통　party [파알티] 파티

That sounds terrific!

[댓 사운즈 터리픽]

그거 좋은데요!

'**That sounds ~**'는 직역하면 '그거 ~한 소리군요'인데, 뒤에 형용사를 붙여 **상대방의 말에 대한 감상을 표현**
할 때 사용합니다. 동사 **sound**는 '~한 소리가 나다, ~하게 들리다'라는 뜻을 가지고 있습니다.

Q

Can you and your husband come?
[캔 유 앤드 유어 허즈번드 컴]

남편분과 함께 오실 수 있나요?

Mr. Roberts didn't come to the meeting.
[미스터 로버얼츠 디든트 컴 투 더 미-팅]

로버츠 씨가 회의에 오지 않았어요.

People can buy a ticket to the Moon!
[피-플 캔 바이 어 티킷 투 더 무운]

달에 가는 표를 살 수 있대요!

He made a song for his fiancée.
[히 메이드 어 송 퍼 히스 피-아안세이]

그가 약혼자를 위해 노래를 만들었대요.

A

That sounds terrific!
[댓 사운즈 터리픽]

그거 좋은데요!

That sounds strange!
[댓 사운즈 스트레인쥐]

그거 이상하군요!

That sounds interesting!
[댓 사운즈 인터레스팅]

그거 흥미롭군요!

That sounds beautiful!
[댓 사운즈 뷰-터펄]

그거 아름다운 얘기군요!

✱ plus tip 동사 sound는 'sound + 형용사' 혹은 'sound like + 명사'의 형태로 사용합니다.

✱ 단어 meeting [미-팅] 회의 people [피-플] 사람들 moon [무운] 달 fiancée [피-아안세이] 약혼자
terrific [터리픽] 아주 좋은, 멋진 strange [스트레인쥐] 이상한

박선희   여보세요?

Hello?

[헬로우]

밀스 부인   여보세요, 박선희 씨? 저는 엘레노르 밀스인데, 데이비드 엄마입니다.

Hello, Mrs. Lee? This is Elenor Mills, David's mother.

[헬로우 미시즈 라– 디스 이즈 엘레너 밀스 데이비스 머더]

박선희   오 안녕하세요! 오늘 막 데이비드를 만났어요.

Oh hi! We just met David today.

[오 하이 위 저스트 멧 데이빗 터데이]

밀스 부인   네, 그러더라고요.   내일 저녁에 바쁘세요?

Yes, he told us.   Are you busy tomorrow night?

[예스 히 토울드 어스]   [아– 유 비지 터마–러우 나잇]

박선희   그럴 것 같지 않은데요. 왜 그러시죠?

I don't think so. Why?

[아이 도운트 씽크 소우– 와이]

밀스 부인   저희가 작은 파티를 여는 데요.

We're having a small party.

[위어 해빙 어 스머얼 파알티]

남편분과 오실 수 있으세요?

Can you and your husband come?

[캔 유 앤드 유어 허즈번드 컴]

박선희   물론이죠. 그거 좋은데요!

Of course. That sounds terrific!

[어브 커–얼스 댓 사운즈 터리픽]

✻ 단어   **met** [멧] meet(만나다)의 과거형   **told** [토울드] tell(말하다)의 과거형   **small** [스머얼] 작은

연습문제 확인하기

I. 보기의 주어진 단어를 참고하여 문장을 만들어 보세요.

1 보기 | next weekend / on Christmas / this Friday

① Are you busy _____ ? (다음 주말)

② Are you busy _____ ? (이번 금요일)

③ Are you busy _____ ? (크리스마스)

2 보기 | interesting / beautiful / strange

① That sounds _____ ! (이상한)

② That sounds _____ ! (흥미로운)

③ That sounds _____ ! (아름다운)

II. 빈칸에 알맞은 단어를 보기에서 골라 써 넣으세요.

보기 | think   husband   met   having

1 오늘 막 데이비드를 만났어요. ⋯▸ We just _____ David today.

2 그럴 것 같지 않은데요. ⋯▸ I don't _____ so.

3 저희가 작은 파티를 여는데요. ⋯▸ We're _____ a small party.

4 남편분과 오실 수 있으세요? ⋯▸ Can you and your _____ come?

III. 다음 문장을 해석해 보세요.

1 Are you busy tomorrow night?

⋯▸ _____

2 That sounds terrific!

⋯▸ _____

유용한 표현 더 배워보기

hobby 취미
[하비]

interest 관심, 흥미
[인터레스트]

jogging 조깅
[자깅]

yoga 요가
[요우거]

climbing 등산
[클라이밍]

swimming 수영
[스위밍]

tennis 테니스
[테니스]

soccer 축구
[사커]

Q. 묻는 표현	A. 답하는 표현
● 데이비드 좀 바꿔 주세요. **Could I speak to David, please?** [쿠드 아이 스피익 투 데이빗 플리-즈]	전데요. **Speaking.** [스피-킹] **This is David.** [디스 이즈 데이빗]
● (전화에서) 누구세요? **Who's calling, please?** [후즈 커-링 플리-즈]	존이에요, 지나의 친구입니다. **It's John, Gina's friend.** [잇츠 잔 쥐나스 프렌드]

✳ 단어   call [커얼] 전화하다

182

파티

이동철 씨 부부는 밀스 씨의 별장에 도착합니다. 혜나와 데이비드는 이미 그곳에 와 있습니다. 작은 파티이긴 하지만, 미국 영화나 드라마에서만 보던 분위기라서 박선희 씨는 조금 들떴습니다.

배울 내용 미리보기

박선희   집이 아름다워요!

밀스 부인   감사합니다. 와인 좀 드실래요?

박선희   물론이죠.

이동철   저는 됐어요. 맥주가 좋네요.

박선희   **47 Have you tried Korean food?**

밀스 부인   아니요, 그렇지만 먹어보고 싶어요.

박선희   그럼 다음에는 한국으로 오세요.

     48 I'll make you a delicious Korean meal!

Have you tried Korean food?

[해브 유 트라이드 커리–언 푸–드]

한국 요리 먹어 봤어요?

'**Have you tried ~?**'는 '**~해 본 적 있나요?**'라는 의미의 문형입니다. 이때 **try**는 '**시도하다**'라는 뜻으로 뒤에 음식이 나오면 '**먹어 보다**', 옷이 나오면 '**입어 보다**' 등 다양하게 활용할 수 있습니다.

기본 패턴 익히기

Q

Have you tried Korean food?
[해브 유 트라이드 커리–언 푸–드]

한국 요리 먹어 봤어요?

Have you tried bulgogi?
[해브 유 트라이드 불고기]

불고기 먹어 봤어요?

Have you tried (on) a hanbok?
[해브 유 트라이드 (언) 어 한복]

한복 입어 봤어요?

Have you tried bungee jumping?
[해브 유 트라이드 번쥐 점핑]

번지점프 해 봤어요?

A

No, but I want to.
[노우 벗 아이 원트 투]

아니요, 하지만 먹어 보고 싶어요.

No, I haven't.
[노우 아이 해븐트]

아니요, 못 먹어 봤어요.

Yes, I have.
[예스 아이 해브]

네, 입어 봤어요.

No, I hate high places.
[노우 아이 헤이트 하이 플레이시즈]

아니요, 높은 곳을 싫어해서요.

✱ 단어　　　tried [트라이드] try(시도하다)의 과거분사형　bulgogi [불고기] 불고기　hanbok [한복] 한복　bungee jumping [번쥐 점핑] 번지점프　hate [헤이트] 싫어하다　high [하이] 높은

I'll make you a delicious Korean meal!

[아일 메이크 유 어 딜리셔스 커리–언 미일]

제가 맛있는 한국 음식을 만들어 드릴게요!

'**make + 사람 + 사물**'의 형태로 '**00에게 ~을 만들어 주다**'라는 의미입니다.

Q

I'll make you a delicious Korean meal!
[아일 메이크 유 어 딜리셔스 커리–언 미일]

제가 맛있는 한국 음식을 만들어 드릴게요!

I'll make you a cake!
[아일 메이크 유 어 케이크]

제가 케이크를 만들어 드릴게요!

I'll make you a doll!
[아일 메이크 유 어 다알]

내가 인형을 만들어 줄게!

I'll make you some cookies!
[아일 메이크 유 섬 쿠키즈]

제가 쿠키를 좀 만들어 줄게요!

A

That sounds wonderful!
[댓 사운즈 원더펄]

그거 멋진데요!

Wow! You can bake?
[와우 유 캔 베이크]

오! 당신이 만들 수 있다고요?

I look forward to it.
[아이 룩 퍼–워얼드 투 잇]

기대되는데요.

I'm allergic to eggs.
[아임 얼러–쥑 투 에그스]

난 달걀에 알레르기가 있어요.

 plus tip　이 문형은 사람과 사물의 위치를 바꿔도 되는데, 이때 사람 앞에 전치사 for를 추가해야 합니다.
즉, 'I'll make you a cake.'는 'I'll make a cake for you.'가 됩니다.

✽ 단어　delicious [딜리셔스] 맛있는　doll [다알] 인형　bake [베이크] 굽다　look forward to [룩 퍼–워얼드 투]
~을 고대하다　allergic [얼러–쥑] 알레르기가 있는

박선희	집이 아름다워요!

Your home is beautiful!

[유어 호움 이즈 뷰-터펄]

밀스 부인	감사합니다. 와인 좀 드실래요?

Thanks. Would you like some wine?

[쌩스 우 쥬 라이크 섬 와인]

박선희	물론이죠.

Sure.

[슈어]

이동철	저는 됐어요. 맥주가 좋네요.

Not for me. The beer is fine.

[낫 퍼 미- 더 비어 이즈 파인]

박선희	한국 요리 먹어 봤어요?

Have you tried Korean food?

[해브 유 트라이드 커라-언 푸-드]

밀스 부인	아니요, 그렇지만 먹어 보고 싶어요.

No, but I want to.

[노우 벗 아이 원트 투]

박선희	그럼 다음에는 한국으로 오세요.

Then come to Korea next time.

[덴 컴 투 커라-어 넥스트 타임]

제가 맛있는 한국 음식을 만들어 드릴게요!

I'll make you a delicious Korean meal!

[아일 메이크 유 어 딜리셔스 커라-언 미일]

✽ 단어 wine [와인] 포도주 beer [비어] 맥주 fine [파인] 좋은 next time [넥스트 타임] 다음 번

연습문제 확인하기

I. 보기의 주어진 단어를 참고하여 문장을 만들어 보세요.

1 　보기 │ a hanbok / bulgogi / bungee jumping

　① Have you tried ＿＿＿＿＿＿＿＿＿＿? (불고기)
　② Have you tried ＿＿＿＿＿＿＿＿＿＿? (한복)
　③ Have you tried ＿＿＿＿＿＿＿＿＿＿? (번지점프)

2 　보기 │ a cake / cookies / a doll

　① I'll make you ＿＿＿＿＿＿＿＿＿＿! (케이크)
　② I'll make you ＿＿＿＿＿＿＿＿＿＿! (인형)
　③ I'll make you some ＿＿＿＿＿＿＿＿＿＿! (쿠키들)

II. 빈칸에 알맞은 단어를 보기에서 골라 써 넣으세요.

보기 │ fine　　　like　　　beautiful　　　Then

1 집이 아름다워요! ⋯ Your home is ＿＿＿＿＿＿＿＿!

2 와인 좀 드실래요? ⋯ Would you ＿＿＿＿＿＿ some wine?

3 맥주가 좋네요. ⋯ The beer is ＿＿＿＿＿＿.

4 그럼 다음에는 한국으로 오세요. ⋯ ＿＿＿＿＿＿ come to Korea next time.

III. 다음 문장을 해석해 보세요.

1 Have you tried Korean food?

　⋯ ＿＿＿＿＿＿＿＿＿＿＿＿＿＿＿＿＿＿＿＿

2 I'll make you a delicious Korean meal!

　⋯ ＿＿＿＿＿＿＿＿＿＿＿＿＿＿＿＿＿＿＿＿

유용한 표현 더 배워보기

단어만 알아도 편해요!

barbecue party 바비큐 파티
[바알비큐– 파알티]

cocktail party 칵테일 파티
[카악테일 파알티]

dinner party 저녁 식사 파티
[디너 파알티]

homecoming party 홈커밍 파티
[호움 커밍 파알티]   (멀리 떠나 있던 사람이 고향이나
모교를 방문할 때 하는 파티)

garden party 가든 파티(뒤뜰이나 정원에서 하는 파티)
[가알든 파알티]

potluck party 포틀럭 파티
[파앗럭 파알티]   (각자 음식을 가져와 나누어 먹는 파티)

Thanksgiving party 추수감사절 파티
[쌩스기빙 파알티]

farewell party 송별 파티
[페어웰 파알티]

이런 표현도 있어요!

Q. 묻는 표현	A. 답하는 표현
● 제 파티에 올래요? **Would you like to come to my party?** [우 쥬 라이크 투 컴 투 마이 파알티]	물론이죠, 감사합니다. **Sure, thank you.** [슈어 쌩 큐] 아쉽지만 파티에 갈 수 없어요. **I am sorry to say I can't come to the party.** [아이 엠 서–리 투 세이 아이 캔트 컴 투 더 파알티]
● 파티 어땠어요? **How about the party?** [하우 어바웃 더 파알티]	정말 최고의 파티였어요. **It sure was swell party.** [잇 슈어 워즈 스웰 파알티]

✳ 단어   swell [스웰] 아주 좋은, 즐거운

알아두면 도움이 되는 여행정보

팁, 얼마면 되니?

외국에는 우리나라와 다르게 팁 문화가 발달되어 있습니다. 그래서 외국 여행을 하다 보면 우선 팁을 줘야 하는 것에 당황하고, 과연 얼마나 줘야 하는지 난감함에 또 한 번 당황합니다.

어떤 상황에 팁을 줘야 하는지, 얼마나 줘야 하는지 상황에 따라 차이는 있지만, 다음과 같이 간단하게 정리했습니다. 참고하세요.

호텔	룸 서비스	음식값의 15%
	룸 메이드	1달러(아침에 방에서 나올 때 베개 위에 놓음)
	도어맨	1달러(차 키를 건네 받을 때)
	벨맨	1달러(객실까지 가방을 갖다 줄 때)
	가방이나 외투 등을 맡겼을 때	1달러(찾으면서)
음식점	웨이터	음식값의 10~15%
	바텐더	한 잔 당 1달러
택시	택시 요금의 15~20%, 트렁크에 짐을 실을 때는 한 개당 1달러 추가	

© 김정희

CHAPTER 09

긴급상황
Emergencies

UNIT 1   길을 잃음

It's getting dark. 어두워지고 있어요.
[잇츠 게팅 다알크]

I think **the hotel is close.** 호텔이 가까운 것 같은데요.
[아이 씽크 더 호우텔 이즈 클로우스]

UNIT 2   지갑을 잃어버림

My wallet's gone! 내 지갑이 없어졌네!
[마이 왈릿츠 거언]

Maybe it was stolen. 아마도 도둑 맞은 것 같소.
[메이비- 잇 워즈 스토울른]

UNIT 3   응급실

What happened? 무슨 일이시죠?
[왓 해픈드]

How do you feel? 기분이 어떠세요?
[하우 두 유 피일]

길을 잃음

이동철 씨와 박선희 씨는 저녁 식사를 마치고 주변을 산책하다가 호텔로 돌아가려고 합니다. 그런데 돌아가는 길을 찾을 수 없습니다. 해는 어두워지고 있는데, 부부는 낯선 곳에서 길을 잃은 것 같습니다.

배울 내용 미리보기

박선희	**⁴⁹ It's getting dark.**
이동철	걱정 말아요. **⁵⁰ I think the hotel is close.**
박선희	우리 길을 잃었군요! 누군가에게 도와달라고 해요.
이동철	봐요! 택시가 있소.
박선희	판테온 호텔로 가죠?
택시기사	물론이죠. 타세요.

It's getting dark.

[잇츠 게팅 다알크]

어두워지고 있어요.

> **'It's getting + 형용사'** 문형은 **'~해지고 있다'**라는 뜻으로 진행의 의미가 더해집니다. 이 문형의 해석은 '~하다'보다 '~해진다'라고 하면 더 생동감 있는 표현이 됩니다. 이때 형용사는 비교급을 쓰기도 합니다.

기본 패턴 익히기

Q

It's getting dark.
[잇츠 게팅 다알크]

어두워지고 있어요.

It's getting late.
[잇츠 게팅 레이트]

시간이 늦어지고 있어요.

It's getting cold.
[잇츠 게팅 코울드]

추워지고 있어요.

It's getting worse.
[잇츠 게팅 워얼스]

더 나빠지고 있어요.

A

Don't worry.
[도운트 워-리]

걱정 말아요.

We can finish tomorrow.
[위 캔 피니쉬 터마-러우]

내일 끝마치면 되요.

Let's get inside.
[렛츠 겟 인사이드]

안으로 들어갑시다.

Don't give up.
[도운트 기브 업]

포기하지 마세요.

✳ plus tip 주어를 I로 바꿔 'I'm getting + 형용사' 문형도 있는데, '내가 점점 더 ~해진다'라는 뜻입니다.

✳ 단어 dark [다알크] 어두운 worse [워얼스] 더 나쁜(bad의 비교급) finish [피니쉬] 마치다, 끝나다
inside [인사이드] ~의 안으로 give up [기브 업] 포기하다

I think the hotel is close.

[아이 씽크 더 호우텔 이즈 클로우스]

호텔이 가까운 것 같은데요.

'I think~'는 '**~한 것 같다**'라고 흔히 말버릇처럼 말하는 표현이 됩니다.
I think 뒤에는 '주어 + 동사'의 문장이 나옵니다.

 기본 패턴 익히기

Q

I think the hotel is close.
[아이 씽크 더 호우텔 이즈 클로우스]

호텔이 가까운 것 같은데요.

I think he is right.
[아이 씽크 히 이즈 라잇]

그가 옳은 것 같은데요.

I think we need to buy some water.
[아이 씽크 위 니-드 투 바이 섬 워-터]

우리 물 좀 사야 할 것 같은데요.

I think it is hard to do.
[아이 씽크 잇 이즈 하알드 투 두]

하기 어려울 것 같아요.

A

Let's ask someone for help.
[렛츠 애스크 섬원 퍼 헬프]

누군가에게 도와달라고 해요.

I don't think so. [아이 도운트 씽크 소우-]

전 그런 것 같지 않은데요.

Okay. Let's go to the market.
[오우케이 렛츠 고우 투 더 마알킷]

그래요. 마켓에 갑시다.

Have you ever tried it?
[해브 유 에버 트라이드 잇]

시도해 보긴 했어요?

✳ plus tip 원래는 I think 뒤에 접속사 that[댓]이 있는데, 생략된 것입니다.

✳ 단어 close [클로우스] 가까운   hard [하알드] 어려운   ask [애스크] 요청하다   someone [섬원] 누군가
market [마알킷] 마켓, 시장

박선희   어두워지고 있어요.

It's getting dark.

[잇츠 게팅 다알크]

이동철   걱정 말아요. 호텔이 가까운 것 같은데요.

Don't worry. I think the hotel is close.

[도운트 워-리 아이 씽크 더 호우텔 이즈 클로우스]

박선희   우리 길을 잃었군요! 누군가에게 도와달라고 해요.

We're lost! Let's ask someone for help.

[위어 라-스트 렛츠 애스크 섬원 퍼 헬프]

이동철   봐요! 택시가 있소.

Look! There's a taxi.

[룩 데어즈 어 택시]

박선희   판테온 호텔로 가죠?

Can you take us to the Pantheon Hotel?

[캔 유 테이크 어스 투 더 팬시안 호우텔]

택시기사   물론이죠. 타세요.

Sure. Get in.

[슈어 겟 인]

✻ 단어   be lost [비 라-스트] 길을 잃다   someone [섬원] 누군가, 어떤 사람   get in [겟 인] (차에) 타다

연습문제 확인하기

I. 보기의 주어진 단어를 참고하여 문장을 만들어 보세요.

1 보기 | cold / late / worse

① It's getting _____. (시간이 늦다)

② It's getting _____. (춥다)

③ It's getting _____. (더 나쁘다)

2 보기 | we need to buy some water / it is hard to do / he is right

① I think _____. (그가 옳다)

② I think _____. (우리는 물을 좀 사야 한다)

③ I think _____. (하기 어렵다)

II. 빈칸에 알맞은 단어를 보기에서 골라 써 넣으세요.

보기 | ask   There's   take   lost

1 우리 길을 잃었군요! ⋯ We're _____!

2 누군가에게 도와달라고 해요. ⋯ Let's _____ someone for help.

3 택시가 있소. ⋯ _____ a taxi.

4 판테온 호텔로 가죠? ⋯ Can you _____ us to the Pantheon Hotel?

III. 다음 문장을 해석해 보세요.

1 It's getting dark.

⋯ _____

2 I think the hotel is close.

⋯ _____

유용한 표현 더 배워보기

단어만 알아도 편해요!

missing child 미아
[미싱 차일드]

direction 방향
[디렉션]

turn right 우회전 하다
[터언 라잇]

turn left 좌회전 하다
[터언 레프트]

turn back (갔던 길을) 되돌아오[가]다
[터언 백]

go straight 곧장 가다
[고우 스트레잇]

cross 건너다
[크러-스]

across 가로질러
[어크러-스]

이런 표현도 있어요!

Q. 묻는 표현	A. 답하는 표현
● 어디에 있는지 모르겠어요. 센트럴파크가 어디 있는지 알려 주시겠어요? **I don't know where I am. Could you help me find Central Park?** [아이 도운트 노우 웨어 아이 엠 쿠 쥬 헬프 미 파인드 센트럴 파알크]	지도를 그려 드릴게요. **Let me draw you a map.** [렛 미 드러- 유 어 맵]
● 주변에 뭐가 보이는지 말해 주실래요? **Can you tell me what you see around you?** [캔 유 텔 미 왓 유 시- 어라운드 유]	우체국밖에 안 보이는데요. **I can see a post office.** [아이 캔 시- 어 포우스트 어-피쓰]

✳ **단어**　　**draw** [드러-] 그리다　**around** [어라운드] 주위에　**post office** [포우스트 어-피쓰] 우체국

지갑을 잃어버림

해가 쨍쨍한 뉴욕의 오후입니다. 이동철 씨와 박선희 씨는 센트럴파크를 산책하다가 아이스크림 가게에 들려 시원한 아이스크림을 사 먹으려고 합니다.

배울 내용 미리보기

점원	5달러입니다.
이동철	네. 어! **51 My wallet's gone!**
박선희	호텔에 있는 거예요?
이동철	아니. 오늘 아침에 챙겼는데.
	52 Maybe it was stolen.
박선희	우선 음식점에 돌아가봐요.
이동철	좋은 생각이오. 어쩌면 테이블에 두고 왔을지도.

My wallet's gone!

[마이 왈릿츠 거언]

내 지갑이 없어졌네!

'My wallet has gone!'을 줄인 문장으로, '**has gone**'은 '**가 버리다(그래서 지금 없다)**'라는 뜻입니다.
'**has gone to + 장소**'는 '**~로 가 버리다**'라는 의미가 됩니다.

기본 패턴 익히기

Q

My wallet's gone!
[마이 왈릿츠 거언]

She's gone!
[쉬즈 거언]

He's gone to Canada.
[히즈 거언 투 캐너더]

My son's gone to bed.
[마이 선즈 거언 투 베드]

내 지갑이 없어졌네!

그녀가 가 버렸어!

그는 캐나다로 가 버렸어요.

제 아들은 자러 갔어요.

A

Is it at the hotel? [이즈 잇 앳 더 호우텔]

Where did she go? [웨어 디드 쉬 고우]

Let's call him now. [렛츠 커얼 힘 나우]

He must be tired. [히 머스트 비- 타이얼드]

호텔에 있는 거예요?

그녀가 어디로 갔는데?

지금 그에게 전화해 봅시다.

피곤했나 보네요.

✱ plus tip 'has gone'은 '가 버리고 없다'라는 의미이기 때문에, 말하는 사람이 지금 이 자리에 존재할 수 없습니다. 따라서 주어는 1, 2인칭이 될 수 없고 3인칭만 가능합니다.

✱ 단어 wallet [왈릿] 지갑 Canada [캐너더] 캐나다 go to bed [고우 투 베드] 자러 가다 must be [머스트 비-] ~임에 틀림없다

Maybe it was stolen.

[메이비– 잇 워즈 스토울른]

아마도 도둑 맞은 것 같소.

'**maybe**'는 '**어쩌면, 아마도**'라는 의미의 부사로, 확실하지 않은 추측을 표현합니다. '**어쩌면 ~할지도**' 혹은 '**아마도 ~할 거야**'와 같이 해석합니다.

기본 패턴 익히기

Q

Maybe it was stolen.
[메이비– 잇 워즈 스토울른]

아마도 도둑 맞은 것 같소.

Maybe she is sick.
[메이비– 쉬 이즈 식]

어쩌면 그녀는 아픈 걸지도 몰라요.

Maybe it will rain tomorrow.
[메이비– 잇 윌 레인 터마–로우]

어쩌면 내일 비가 올지도 몰라요.

Maybe he'll come.
[메이비– 히일 컴]

아마도 그는 올 거예요.

A

Let's go back to the restaurant first.
[렛츠 고우 백 투 더 레스터런트 퍼얼스트]

우선 음식점에 돌아가봐요.

That's too bad. [댓츠 투– 배드]

그것 참 안됐네요.

Don't forget to carry an umbrella.
[도운트 퍼겟 투 캐리 언 엄브렐러]

우산 가져가는 것 잊지 마세요.

I hope so. [아이 호웁 소우–]

그랬으면 좋겠네요.

✳ plus tip maybe와 형태와 의미가 비슷한 may be와의 차이를 알아둡시다. 'may be'는 조동사 may와 be동사를 합친 것으로 '~일 것 같다, ~일지도 모른다'라는 의미입니다. .

✳ 단어 be stolen [비 스토울른] 도난 당하다 sick [식] 아픈 go back to [고우 백 투] ~로 거슬러 올라가다
bad [배드] 나쁜, 불운한 forget [퍼겟] 잊다 umbrella [엄브렐러] 우산

점원   5달러입니다.
Five dollars please.
[파이브 달러즈 플라-즈]

이동철   네. 어! 내 지갑이 없어졌네!
Alright. Hey! **My wallet's gone!**
[어얼라잇 헤이 마이 왈릿츠 거언]

박선희   호텔에 있는 거예요?
Is it at the hotel?
[이즈 잇 앳 더 호우텔]

이동철   아니. 오늘 아침에 챙겼는데.
No. I took it this morning.
[노우 아이 툭 잇 디스 머얼닝]

아마도 도둑 맞은 것 같소.
Maybe it was stolen.
[메이바- 잇 워즈 스토울른]

박선희   우선 음식점에 돌아가봐요.
Let's go back to the restaurant first.
[렛츠 고우 백 투 더 레스터런트 퍼얼스트]

이동철   좋은 생각이오. 어쩌면 테이블에 두고 왔을지도.
Good idea. Maybe I left it on the table.
[굿 아이디-어 메이바- 아이 레프트 잇 언 더 테이블]

✳ 단어   alright [어얼라잇] 알았어   hey [헤이] (놀라거나 당황하여) 어머나, 이런   took [툭] take(가지고 가다, (사람을) 데리고 가다)의 과거형   morning [머얼닝] 아침   left [레프트] leave(두고 오다)의 과거형

연습문제 확인하기

I. 보기의 주어진 단어를 참고하여 문장을 만들어 보세요.

1 보기 │ She's / My son's / He's

① _____ gone! (그녀가)

② _____ gone to Canada. (그가)

③ _____ gone to bed. (제 아들은)

2 보기 │ she is sick / he'll come / it will rain

① Maybe _____ . (그녀가 아프다)

② Maybe _____ tomorrow. (비가 올 것이다)

③ Maybe _____ . (그가 올 것이다)

II. 빈칸에 알맞은 단어를 보기에서 골라 써 넣으세요.

보기 │ left   at   go back to   this morning

1 호텔에 있는 거예요? ⋯ Is it _____ the hotel?

2 오늘 아침에 챙겼는데. ⋯ I took it _____ .

3 우선 음식점에 돌아가봐요. ⋯ Let's _____ the restaurant first.

4 어쩌면 테이블에 두고 왔을지도. ⋯ Maybe I _____ it on the table.

III. 다음 문장을 해석해 보세요.

1 My wallet's gone!

⋯▶ _____

2 Maybe it was stolen.

⋯▶ _____

유용한 표현 더 배워보기

lost–and–found 분실물센터
[러–스트 앤드 파운드]

bag 가방
[백]

passport 여권
[패스퍼얼트]

cell phone 휴대전화
[셀 포운]

laptop 노트북 컴퓨터
[랩탑]

describe (〜이 어떠한지를) 묘사하다
[디스크라입]

detail 세부 사항
[디테일]

item 물품
[아이텀]

이것도 표현도 있어요!

Q. 묻는 표현	A. 답하는 표현
● 분실물센터가 어디죠? **Where is the lost and found?** [웨어 이즈 더 러–스트 앤드 파운드]	이 건물의 1층에 있습니다. **It's on the 1st floor of this building.** [잇츠 언 더 퍼얼스트 플러– 어브 디스 빌딩]
● 여기에서 휴대전화 보셨어요? **Did you find a cell phone here?** [디 쥬 파인드 어 셀 포운 히어]	아니요. 분실물센터에 가 보시는 게 좋겠네요. **No I didn't. You should try the lost and found.** [노우 아이 디든트 유 슈드 트라이 더 러–스트 앤드 파운드]

UNIT 3 응급실

박선희 씨는 명품숍을 구경하다가 부주의하여 길에서 넘어졌는데, 다리를 다치고 말았습니다. 이동철 씨는 그녀를 데리고 가까운 병원의 응급실로 갑니다.

의사   안녕하세요, 행크스 의사입니다.

53 What happened?

박선희   길에서 발을 헛디뎌서 넘어졌어요.

의사   **54 How do you feel?** 어지러우세요? 두통은요?

박선희   아니요, 괜찮아요.

이동철   상처가 심각한가요?

의사   심각하진 않지만 깊어요. 몇 바늘 꿰매야겠습니다.

박선희   괜찮아요.

What happened?

[왓 해픈드]

무슨 일이시죠?

'**What happened?**'는 '**무슨 일이 일어났나요?**'라는 의미이며, 이때 의문사 **what**이 주어가 됩니다.
뒤에 '**to**'를 추가하여 '~에게 무슨 일이 일어났나요?'라는 의미로 확장하여 쓸 수 있습니다.

기본 패턴 익히기

Q

What happened?
[왓 해픈드]

무슨 일이시죠?

What happened to you?
[왓 해픈드 투 유]

당신에게 무슨 일 있나요?

What happened to your mother?
[왓 해픈드 투 유어 머더]

당신 어머니께 무슨 일 있나요?

What happened to your brother?
[왓 해픈드 투 유어 브러더]

당신 남동생에게 무슨 일 있나요?

A

I tripped and fell on the street.
[아이 트립트 앤드 펠 언 더 스트리-트]

길에서 발을 헛디뎌서 넘어졌어요.

I think I'm lost. [아이 씽크 아임 러-스트]

길을 잃은 것 같아요.

She went to the hospital. [쉬 웬트 투 더 하-스피틀]

병원에 입원하셨어요.

He is okay. Thank you! [히 이즈 오우케이 쌩 큐]

괜찮아요. 감사합니다!

 plus tip 'What's wrong?'[왓츠 러엉], 'What's the problem?' [왓츠 더 프라블럼], 'What's the matter?'
[왓츠 더 매터] 등도 같은 의미로 쓰이는 표현입니다.

＊단어 happen [해픈] 일어나다 trip [트립] 발을 헛디디다 fell on [펠 언] fall on([퍼얼 언] 넘어지다)의 과거형
go to the hospital [고우 투 더 하-스피틀] 입원하다

How do you feel?

[하우 두 유 피일]

기분이 어떠세요?

'How do you feel?'은 기분이나 몸 상태를 묻는 질문으로 how는 '어떻게'라는 의미로 방법이나 상태를 묻는 의문사입니다. **How do you + 동사~?** 문형은 **어떻게 ~합니까?** 라는 의미입니다.

기본 패턴 익히기

Q

How do you feel?
[하우 두 유 피일]

기분이 어떠세요?

How do you know?
[하우 두 유 노우]

어떻게 알았어요?

How do you study English?
[하우 두 유 스터디 잉글리쉬]

영어 공부 어떻게 하세요?

How do you spell your name?
[하우 두 유 스펠 유어 네임]

이름 철자가 어떻게 되요?

A

I'm okay. [아임 오우케이]

전 괜찮아요.

Jamie told me. [제이미 토울드 미-]

제이미가 말해줬어요.

I watch American dramas.
[아이 왓치 어메리컨 드라-머스]

저는 미국 드라마를 보거든요.

A, G, N, E, S. Agnes!
[에이 쥐- 엔 이- 에스 애그니스]

A, G, N, E, S. 아그네스예요.

✳ plus tip　'How many[하우 매니], How much[하우 머치], How far[하우 파알]'와 같이 'How + 형용사~?'의 형태가 되면 '얼마나 ~?'라는 의미가 됩니다.

✳ 단어　feel [피일] 느끼다　study [스터디] 공부하다　spell [스펠] 철자를 말하다
American [어메리컨] 미국의, 미국인의　drama [드라-머] 드라마, 연극

의사	안녕하세요, 행크스 의사입니다.
	Hello, I'm Doctor Hanks.
	[헬로우 아임 닥터 행크스]

무슨 일이시죠?
What happened?
[왓 해픈드]

박선희	길에서 발을 헛디뎌서 넘어졌어요.
	I tripped and fell on the street.
	[아이 트립트 앤드 펠 언 더 스트리-트]

의사	기분이 어떠세요? 어지러우세요? 두통은요?
	How do you feel? Dizzy? Headache?
	[하우 두 유 피일 디지 헤데익]

박선희	아니요, 괜찮아요.
	No, I'm okay.
	[노우 아임 오우케이]

이동철	상처가 심각한가요?
	Is the cut serious?
	[이즈 더 컷 시어리어스]

의사	심각하진 않지만 깊어요. 몇 바늘 꿰매야겠습니다.
	It's not serious but it's deep. You'll need some stitches.
	[잇츠 낫 시어리어스 벗 잇츠 디입] [유일 니-드 섬 스티치스]

박선희	괜찮아요.
	That's okay.
	[댓츠 오우케이]

✻ 단어

dizzy [디지] 어지러운 headache [헤데익] 두통 cut [컷] 상처 serious [시어리어스] 심각한
deep [디입] 깊은 stitch [스티치] (수술로 기운) 바늘

206

I. 보기의 주어진 단어를 참고하여 문장을 만들어 보세요.

1 보기 │ to your mother / to you / to your brother

① What happened _____ ? (당신에게)

② What happened _____ ? (당신 어머니께)

③ What happened _____ ? (당신 남동생에게)

2 보기 │ study English / spell your name / know

① How do you _____ ? (알다)

② How do you _____ ? (영어공부 하다)

③ How do you _____ ? (이름 철자를 말하다)

II. 빈칸에 알맞은 단어를 보기에서 골라 써 넣으세요.

보기 │ cut   fell on   deep   stitches

1 길에서 넘어졌어요. ⋯ I _____ the street.

2 상처가 심각한가요? ⋯ Is the _____ serious?

3 심각하지는 않지만 깊어요. ⋯ It's not serious but it's _____ .

4 몇 바늘 꿰매야겠습니다. ⋯ You'll need some _____ .

III. 다음 문장을 해석해 보세요.

1 What happened?

⋯▶ _____

2 How do you feel?

⋯▶ _____

유용한 표현 더 배워보기

단어만 알아도 편해요!

leg 다리
[레그]

finger 손가락
[핑거]

head 머리
[헤드]

arm 팔
[아암]

back 등
[백]

lie down 눕다
[라이 다운]

painkiller 진통제
[페인킬러]

cold medicine 감기약
[코울드 메더신]

이런 표현도 있어요!

Q. 묻는 표현	A. 답하는 표현
● 구급차를 보내 주시겠습니까? **Could you send an ambulance?** [쿠 쥬 센드 언 앰뷸런스]	구급차가 바로 갈 겁니다. **An ambulance is on the way.** [언 앰뷸런스 이즈 언 더 웨이]
● 응급실이 어디죠? **Where's the emergency room, please?** [웨어즈 더 이머얼전시 루움 플리–즈]	저쪽이요. **Over there.** [오우버 데어]

✻ 단어   send [센드] 보내다   ambulance [앰뷸런스] 구급차   on the way [언 더 웨이] 나가려는 중에
emergency room [이머얼전시 루움] 응급실

208

알아두면 도움이 되는 여행정보

여행 중 분실하지 않도록 조심하세요!

평소에도 그렇지만, 여행 중 지갑이나 신분증을 잃어버리지 않도록 주의해야 합니다.

특히 외국에서 여권이나 지갑을 잃어버리면, 여행 기분도 상하고 임시여권을 만들어야 하는 절차도 번거롭기 때문에 더 주의해야겠죠!

여행 중에는 돈을 분산하여 휴대할 필요가 있습니다. 혹시 잃어버리거나 소매치기 등에 의해 도난 당하더라도, 큰 돈을 잃어버리지 않을 수 있습니다.

당일에 쓸 경비만 자주 꺼내 쓰는 손가방이나 지갑에 넣어두고 나머지 여행경비는 분산하여 가방 안쪽 주머니 등에 넣어둡니다.

그리고 출국하기 전 여권 분실에 대비하여 항상 여권 사본과 여권용 사진 1매를 꼭 챙겨 가세요. 여권을 분실했을 때 임시여권을 만들기에 조금 용이합니다.

그리고 요즘은 여행자보험 상품이 잘 되어 있어 적은 금액으로도 크고 작은 사고에 대비하기 좋습니다. 출국 전에 자신의 여행 성격에 맞는 것으로 골라 가입해 두는 것도 사고를 대비하는 방법 중 하나입니다.

© 김정희

CHAPTER 10

귀국
Going Home

UNIT 1 귀국 항공권 예약

When do you want to leave? 언제 떠나고 싶어요?
[웬 두 유 원트 투 리–브]

I'm going to book two tickets for 5 p.m. 오후 5시 표 두 장을 예약하겠소.
[아임 고우잉 투 북 투– 티킷츠 퍼 파이브 피–엠]

UNIT 2 배웅

Have a safe trip Mr. and Mrs. Lee. 아버님, 어머님 안전한 여행 되세요.
[해 버 세이프 트립 미스터 앤드 미시즈 리–]

Give me a hug! 안아 주렴!
[기브 미– 어 허그]

UNIT 3 티켓팅 & 보딩

Flight 212 from New York to Seoul? 뉴욕발 서울행 212편이신가요?
[플라잇 투–원투– 프럼 누–여억 투 소울]

Your flight departs at Gate 32. 비행기는 32번 탑승구에서 출발합니다.
[유어 플라잇 디파알츠 앳 게이트 써얼티투–]

귀국 항공권 예약

이동철 씨 부부의 여행이 막바지에 이르렀습니다. 이동철 씨와 박선희 씨는 인터넷으로 귀국 항공권을 예약하고 있습니다.

배울 내용 미리보기

이동철	**55 When do you want to leave?**
	아침에? 오후에?
박선희	오후에 떠나요.
이동철	**56 I'm going to book two tickets for 5 p.m.**
박선희	창가 좌석으로 할 수 있나요?
이동철	아, 당신은 정말 창가 좌석을 좋아하는군.
박선희	혜나에게 작별인사로 손을 흔들고 싶거든요.

When do you want to leave?

[웬 두 유 원트 투 리-브]

언제 떠나고 싶어요?

'want to + 동사원형'은 '~하고 싶다, ~하기 원하다'라는 뜻입니다. 일반 의문문 'Do you want to~?'에 '**언제 ~하고 싶어요?**'라고 물어보려면, 때를 묻는 의문사 when을 문장 앞에 붙여 '**When do you want to~?**'라고 합니다.

기본 패턴 익히기

Q

When do you want to leave?
[웬 두 유 원트 투 리-브]

언제 떠나고 싶어요?

When do you want to start?
[웬 두 유 원트 투 스타알트]

언제 출발하고 싶어요?

When do you want to read?
[웬 두 유 원트 투 리-드]

언제 읽고 싶어요?

When do you want to go out?
[웬 두 유 원트 투 고우 아웃]

언제 외출하고 싶어요?

A

I want to leave in the afternoon.
[아이 원트 투 리-브 인 디 애프터누운]

오후에 떠나고 싶어요.

Anytime. [애니타임]

아무 때나요.

Before bed. [비퍼- 베드]

자기 전에요.

I don't want to go out. [아이 도운트 원트 투 고우 아웃]

외출하고 싶지 않아요.

 plus tip 의문사 when 대신, 장소를 묻는 의문사 **where**[웨에]를 붙이면 '**어디로 ~하고 싶어요?**', 의문사 **what**[왓]을 붙이면 '**무엇을 ~하고 싶어요?**'가 됩니다. (챕터 3 표현 18 p.85 참고)

단어 leave [리-브] 떠나다 anytime [애니타임] 언제든지 before [비퍼-] ~전

I'm going to book two tickets for 5 p.m.
[아임 고우잉 투 북 투– 티킷츠 퍼 파이브 피–엠]

오후 5시 표 두 장을 예약하겠소.

'**be going to**'는 가까운 미래에 일어날 일이나 의지를 나타내는 표현으로, '**~하겠다**'라는 뜻입니다.
주로 예정이 있는 미래나 말하는 사람의 의지가 표현된 경우에 사용합니다.

Q

I'm going to book two tickets for 5 p.m. 오후 5시 표 두 장을 예약하겠소.
[아임 고우잉 투 북 투– 티킷츠 퍼 파이브 피–엠]

I'm going to buy a book.
[아임 고우잉 투 바이 어 북]
책을 사겠어요.

I'm going to stay at home.
[아임 고우잉 투 스테이 앳 호움]
집에 머물겠어요.

I'm going to take a nap.
[아임 고우잉 투 테이크 어 냅]
낮잠을 자겠어요.

A

I'm excited! [아임 익사이티드]　　　　　　　신 나네요!

I'll come with you. [아일 컴 위드 유]　　　　저도 같이 갈게요.

Why? Let's go outside! [와이 렛츠 고우 아웃사이드]　왜? 밖에 나가자!

Are you tired? [아– 유 타이얼드]　　　　　피곤해요?

✳ plus tip　I'm going to[아임 고우잉 투]는 미래시제를 나타내는 I wil[아이 윌](=I'll[아일])로 바꿔 표현할 수도 있습니다.

✳ 단어　take a nap [테이크 어 냅] 낮잠을 자다　outside [아웃사이드] 바깥쪽

이동철 언제 떠나고 싶어요?

When do you want to leave?

[웬 두 유 원트 투 라-브]

아침에? 오후에?

In the morning? Afternoon?

[인 더 머얼닝 애프터누운]

박선희 오후에 떠나요.

Let's leave in the afternoon.

[렛츠 라-브 인 디 애프터누운]

이동철 오후 5시 표 두 장을 예약하겠소.

I'm going to book two tickets for 5 p.m.

[아임 고우잉 투 북 투- 티킷츠 퍼 파이브 파-엠]

박선희 창가 좌석으로 할 수 있나요?

Can I get a window seat?

[캔 아이 겟 어 윈도우 시잇]

이동철 아, 당신은 정말 창가 좌석을 좋아하는군.

Ha. You really like window seats.

[하- 유 리얼리 라이크 윈도우 시-츠]

박선희 헤나에게 작별인사로 손을 흔들고 싶거든요.

I want to wave goodbye to Hye-na!

[아이 원트 투 웨이브 굿바이 투 헤나]

✱ 단어   **wave goodbye to** [웨이브 굿바이 투] 작별인사로 손을 흔들다

연습문제 확인하기

I. 보기의 주어진 단어를 참고하여 문장을 만들어 보세요.

1
> 보기 │ go out / start / read

① When do you want to _____? (출발하다)

② When do you want to _____? (읽다)

③ When do you want to _____? (외출하다)

2
> 보기 │ stay at home / buy a book / take a nap

① I'm going to _____. (책을 사다)

② I'm going to _____. (집에 머물다)

③ I'm going to _____. (낮잠을 자다)

II. 빈칸에 알맞은 단어를 보기에서 골라 써 넣으세요.

> 보기 │ really   leave   get   wave

1 오후에 떠나요. ⋯▸ Let's _____ in the afternoon.

2 창가 좌석으로 할 수 있나요? ⋯▸ Can I _____ a window seat?

3 당신은 정말 창가 좌석을 좋아하는군. ⋯▸ You _____ like window seats.

4 헤나에게 작별인사로 손을 흔들고 싶거든요.
⋯▸ I want to _____ goodbye to Hyena!

III. 다음 문장을 해석해 보세요.

1 When do you want to leave?
⋯▸ _____

2 I'm going to book two tickets for 5 p.m.
⋯▸ _____

유용한 표현 더 배워보기

confirm 확인해 주다
[컨퍼엄]

check on 확인하다
[첵 언]

cancel 취소하다
[캔설]

flight time 비행 시간
[플라잇 타임]

layover (단시간) 경유
[레이오우버]

stopover (장시간) 경유
[스탑오우버]

reservation 예약
[레저베이션]

departure date 출발일
[디파알처 데이트]

Q. 묻는 표현	A. 답하는 표현
● 9월 5일 항공편 있나요? **Do you have flights on September 5th?** [두 유 해브 플라잇츠 언 셉템버 피프쓰]	네, 있습니다. **Yes, we do.** [예스 위 두] 죄송합니다만, 항공편들이 만석입니다. **I'm sorry, but those flights are fully booked.** [아임 서–리 벗 도우즈 플라잇츠 아– 풀리 북트]
● 출발일을 바꿀 수 있나요? **Can I change my departure date?** [캔 아이 체인쥐 마이 디파알처 데이트]	출발일을 바꾸시면 100달러의 벌금이 있습니다. **There is a $100 penalty to change your date.** [데어 이즈 어 헌드레드 달러즈 페널티 투 체인쥐 유어 데이트]

✳ **단어**　　fully [풀리] 완전히　penalty [페널티] 벌금　date [데이트] 날짜

배웅

혜나와 데이비드는 이동철 씨와 박선희 씨를 배웅하기 위해 공항에 왔습니다.
작별인사를 하는 순간은 늘 아쉬움이 남습니다.

배울 내용 미리보기

혜나	벌써 그리워지는데요!
박선희	나도 그래 혜나야! 나도!
데이비드	**57 Have a safe trip Mr. and Mrs. Lee.**
	그리고 조만간 다시 오세요.
이동철	데이비드 아마도 또 올 걸세.
	자네와 자네 가족들은 매우 친절해.
혜나	아빠 안녕히 가세요. 뉴욕 사진 좀 보내 주시고요.
이동철	그러마.
박선희	이제, 우리는 가야 해. **58 Give me a hug!**

Have a safe trip Mr. and Mrs. Lee.

[해 버 세이프 트립 미스터 앤드 미시즈 리-]

아버님, 어머님 안전한 여행 되세요.

'**Have (a) ~**' 패턴은 명령문 스타일이지만, 딱딱하지 않고 **부드러운 느낌으로 말할 수 있는 문장**이 됩니다.
이 패턴은 의외로 우리가 회화에서 많이 쓰는 문장을 찾아볼 수 있습니다.

 기본 패턴 익히기

Q

Have a safe trip Mr. and Mrs. Lee.
[해 버 세이프 어 트립 미스터 앤드 미시즈 리-]

아버님, 어머님 안전한 여행 되세요.

Have a nice weekend.
[해 버 나이스 위-켄드]

좋은 주말 되세요.

Have a good time.
[해 버 굿 타임]

즐거운 시간 되세요.

Have a seat.
[해 버 시잇]

자리에 앉으세요.

A

Thanks a lot.
[쌩스 어 랏]

고맙네.

You too.
[유 투-]

당신도요.

We'll try!
[위일 트라이]

그럴게요!

Thanks very much.
[쌩스 베리 머치]

매우 고마워요.

✱ 단어   safe [세이프] 안전한

58 Give me a hug!

[기브 미- 어 허그]

안아 주렴!

'give me a~' 문형은 '~해 주세요'라는 뜻으로 쓰이는 다양한 표현이 있습니다.
give는 대표적인 4형식 동사로, 'give + 사람목적어 + 사물목적어' 순서로 쓰입니다.

기본 패턴 익히기

Q

Give me a hug!
[기브 미- 어 허그]

안아 주렴!

Give me a call!
[기브 미- 어 커얼]

전화해 주세요!

Give me a break!
[기브 미- 어 브레이크]

그만 좀 하세요!

Give me a chance!
[기브 미- 어 챈스]

한 번만 봐 주세요!

A

I'm shy but okay.
[아임 샤이 벗 오우케이]

부끄럽지만 그럴게요.

Okay. What time?
[오우케이 왓 타임]

네. 언제요?

I'm just joking.
[아임 저스트 조우킹]

그냥 농담한 거야.

This is your final chance.
[디스 이즈 유어 파이늘 챈스]

이것이 당신의 마지막 기회예요.

✷ plus tip 'Give me a break.'는 상황에 따라 '잠깐만', '기다려 주세요.'라는 의미가 되기도 합니다.

✷ 단어 hug [허그] 껴안다. 포옹하다 break [브레이크] 중단 chance [챈스] 기회 joke [조우크] 농담하다

실전회화 익히기

혜나	벌써 그리워지는데요! **I miss you already!** [아이 미스 유 어얼레디]

박선희　나도 그래 혜나야! 나도!
Me too Hye-na! Me too!
[미– 투– 혜나 미– 투–]

데이비드　아버님, 어머님 안전한 여행 되세요.
Have a safe trip Mr. and Mrs. Lee.
[해 버 세이프 트립 미스터 앤드 미시즈 리–]

그리고 조만간 다시 오세요.
And come back soon.
[앤드 컴 백 수운]

이동철　데이비드 아마도 또 올 걸세.
Maybe we will come back, David.
[메이비– 위 윌 컴 백 데이빗]

자네와 자네 가족들은 매우 친절해.
You and your family are very kind.
[유 앤드 유어 패멀리 아– 베리 카인드]

혜나　아빠 안녕히 가세요. 뉴욕 사진 좀 보내 주시고요.
Goodbye Dad. Send me some New York pictures.
[굿바이 대드 센드 미 섬 누–여억 픽처스]

이동철　그러마.
I will.
[아이 윌]

박선희　이제, 우리는 가야 해.　　안아 주렴!
Now, we have to go.　Give me a hug!
[나우 위 해브 투 고우]　　[기브 미– 어 허그]

✳ 단어　　miss [미스] 그리워하다　already [어얼레디] 벌써, 이미　have to [해브 투] ~해야 한다

220

연습문제 확인하기

I. 보기의 주어진 단어를 참고하여 문장을 만들어 보세요.

1　보기 │ good time / nice weekend / seat

　① Have a _____. (좋은 주말)

　② Have a _____. (즐거운 시간)

　③ Have a _____. (자리)

2　보기 │ break / chance / call

　① Give me a _____! (전화)

　② Give me a _____! (중단)

　③ Give me a _____! (기회)

II. 빈칸에 알맞은 단어를 보기에서 골라 써 넣으세요.

보기 │ soon　　kind　　already　　pictures

1 벌써 그리워지는데요! ⋯▸ I miss you _____!

2 그리고 조만간 다시 오세요. ⋯▸ And come back _____.

3 자네와 자네 가족들은 매우 친절해. ⋯▸ You and your family are very _____.

4 뉴욕 사진 좀 보내 주시고요. ⋯▸ Send me some New York _____.

III. 다음 문장을 해석해 보세요.

1 Have a safe trip Mr. and Mrs. Lee.

　⋯▸ _____

2 Give me a hug!

　⋯▸ _____

유용한 표현 더 배워보기

단어만 알아도 편해요!

Goodbye. 안녕(히 가세요).
[굿바이]

See you. 잘 가(세요).
[시- 유]

Take care. 잘 가(세요).
[테이크 케어]

So long. 잘 가(세요).
[소우- 러엉]

Take it easy. 살펴 가세요.
[테이크 잇 이-지]

See you later. 다음에 봐요.
[시- 유 레이터]

See you again. 다시 만나요.
[시- 유 어게인]

Keep in touch. 가끔 연락하고 지냅시다.
[키입 인 터치]

이런 표현도 있어요!

Q. 묻는 표현	A. 답하는 표현
● 전 지금 가야겠어요. **I'm afraid I've got to go now.** [아임 어프레이드 아입 갓 투 고우 나우]	즐거운 여행 되세요! **Enjoy your trip!** [인조이 유어 트립] **Have a good trip!** [해 버 굿 트립] **Bon Voyage!** [번 버야-즈]
● 당신 가족에게 내 안부를 전해 주세요. **Say hello to your family for me.** [세이 헬로우 투 유어 패밀리 퍼 미-]	조만간 만나요. **Let's get together soon.** [렛츠 겟 터게더 수운]

✱ 단어   **have got to** [해브 갓 투] ~하지 않으면 안 된다   **bon** [번] 좋은   **voyage** [버야-즈] 여행
say hello [세이 헬로우] 안부인사를 하다   **get together** [겟 터게더] 만나다

UNIT 3 티켓팅 & 보딩

혜나, 데이비드와의 작별인사를 마친 이동철 씨 부부는 항공사 직원에게 탑승 수속을 하고 탑승권을 기다리고 있습니다.

배울 내용 미리보기

직원　표를 가지고 계신가요?

박선희　네, 전자항공권이에요. 여기 있습니다.

직원　**59 Flight 212 from New York to Seoul?**

이동철　그렇습니다.

직원　좋습니다. 여기 탑승권입니다.

60 Your flight departs at Gate 32.

박선희　감사합니다.

Flight 212 from New York to Seoul?
[플라잇 투–원투– 프럼 누–여억 투 소울]

뉴욕발 서울행 212편이신가요?

'**from A to B**'는 '**A로부터 B까지**'라는 의미로, 출발점과 도착점을 표현합니다.
이때 **A**와 **B**는 장소나 시간 모두 가능합니다.

Q

(Is) Flight 212 from New York to Seoul?
[(이즈) 플라잇 투–원투– 프럼 누–여억 투 소울]　　　뉴욕발 서울행 212편이신가요?

Is this train from San Francisco to L.A.?
[이즈 디스 트레인 프럼 샌프랜씨스코우 투 엘에이]　　　샌프란시스코발 로스엔젤레스행 기차인가요?

Is this class from 2 p.m. to 3 p.m.?
[이즈 디스 클래스 프럼 투– 파–엠 투 쓰리– 파–엠]　　　이 수업은 오후 2시에서 3시까지인가요?

Is your work from Monday to Friday?
[이즈 유어 워얼크 프럼 먼데이 투 프라이데이]　　　당신의 업무는 월요일부터 금요일까지인가요?

A

That's right. [댓츠 라잇]　　　　　　　　　　그렇습니다.

No, from San Diego. [노우 프럼 샌디에이고우]　　아니요, 샌디에이고발입니다.

Exactly. [이그잭틀리]　　　　　　　　　　맞습니다.

No, to Saturday. [노우 투 새러데이]　　　　아니요, 토요일까지요.

 단어　　San Francisco [샌프랜씨스코우] 샌프란시스코(미국 캘리포니아주 서부 도시)　L.A. [엘에이] 로스앤젤레스(미국
캘리포니아주 남서부 도시, Los Angeles[러스 앤젤러스]의 약어)　Monday [먼데이] 월요일　San Diego
[샌디에이고우] 샌디에이고(미국 캘리포니아주 남부의 항구 도시)　exactly [익잭틀리] 정확히　Saturday [새러데
이] 토요일

Your flight departs at Gate 32.

[유어 플라잇 디파알츠 앳 게이트 써얼티투-]

비행기는 32번 탑승구에서 출발합니다.

'동사 + at + 장소' 문형으로, 이때 전치사 'at'은 장소 앞에 오는 전치사인데, 주로 좁은 장소에 대해 씁니다.
'동사 + at + 시간'도 가능한데, 이때는 특정 시간 앞에 씁니다.

기본 패턴 익히기

Q

Your flight departs at Gate 32.
[유어 플라잇 디파알츠 앳 게이트 써얼티투-]

비행기는 32번 탑승구에서 출발합니다.

I'll meet him at Central Park.
[아일 미잇 힘 앳 센트럴 파알크]

센트럴파크에서 그를 만날 겁니다.

That bus departs at 5 p.m.
[댓 버스 디파알츠 앳 파이브 피-엠]

저 버스는 오후 5시에 출발합니다.

Her uncle works at night.
[허 엉클 워얼크스 앳 나잇]

그녀의 삼촌은 밤에 일합니다.

A

Thanks. How can I find it?
[쌩스 하우 캔 아이 파인드 잇]

고마워요. 어떻게 찾죠?

Really? I want to meet him too.
[리얼리 아이 원트 투 미잇 힘 투-]

정말? 나도 그를 만나고 싶어요.

I see. Which terminal?
[아이 시- 위치 타-미늘]

알겠습니다. 어떤 터미널이죠?

Oh. What does he do?
[오우 왓 더즈 히 두]

오. 직업이 뭐예요?

＊ plus tip 시간이나 장소를 나타내는 다른 전치사로는 in[인]이나 on[언]도 있습니다. (Warm-up 참고)

＊ 단어 depart [디파알트] 출발하다   gate [게이트] 출입구   uncle [엉클] 삼촌, 아저씨   terminal [타-미널] 터미널

실전회화 익히기

직원 표를 가지고 계신가요?
Do you have tickets?
[두 유 해브 티킷츠]

박선희 네, 전자항공권이에요.   여기 있습니다.
Yes, we have e-tickets. **Here you are.**
[예스 위 해브 아– 티킷츠]   [히어 유 아–]

직원 뉴욕발 서울행 212편이신가요?
Flight 212 from New York to Seoul?
[플라잇 투–원투– 프럼 누–여억 투 소울]

이동철 그렇습니다.
That's right.
[댓츠 라잇]

직원 좋습니다. 여기 탑승권입니다.
Perfect. Here are your boarding passes.
[퍼얼픽트 히어 아– 유어 버얼딩 패시즈]

비행기는 32번 탑승구에서 출발합니다.
Your flight departs at Gate 32.
[유어 플라잇 디파알츠 앳 게이트 써얼티투–]

박선희 감사합니다.
Thanks so much.
[쌩스 소우– 머치]

✴ 단어   e-ticket [이– 티킷] 전자항공권

연습문제 확인하기

I. 보기의 주어진 단어를 참고하여 문장을 만들어 보세요.

1   보기 │ L.A. / Friday / 3 p.m.

① This train from San Francisco to _____? (로스앤젤레스)

② This class from 2 p.m. to _____? (오후 3시)

③ Your work from Monday to _____? (금요일)

2   보기 │ 5 p.m. / Central Park / night

① I'll meet him at _____. (센트럴파크)

② That bus departs at _____. (오후 5시)

③ Her uncle works at _____. (밤)

II. 빈칸에 알맞은 단어를 보기에서 골라 써 넣으세요.

보기 │ Here   Thanks   have   tickets

1 표를 가지고 계신가요? ⋯ Do you have _____?

2 전자항공권이에요. ⋯ We _____ e-tickets.

3 여기 탑승권입니다. ⋯ _____ are your boarding passes.

4 감사합니다. ⋯ _____ so much.

III. 다음 문장을 해석해 보세요.

1 Flight 212 from New York to Seoul?

   ⋯ ....

2 Your flight departs at Gate 32.

   ⋯ ....

유용한 표현 더 배워보기

delay 지연되다
[딜레이]

Duty Free Shop 면세점
[듀–티 프리– 샵]

fragile 깨지기 쉬운
[프레절]

prohibited 금지된
[프러히비티드]

baggage claim tag 수화물 보관표
[배기쥐 클레임 택]

scale 저울
[스케일]

overweight 중량 초과
[오우버웨잇]

overchare 중량 초과 요금
[오우버차알쥐]

이런 표현도 있어요!

Q. 묻는 표현	A. 답하는 표현
● 체크인 짐이 몇 개인가요? **How many pieces of luggage are you checking in?** [하우 매니 피–시즈 어브 러기쥐 아– 유 체킹 인]	두 개입니다. **I have two.** [아이 해브 투–]
● BB(비비) 항공사 창구가 어디죠? **Where is the BB Airline counter?** [웨어 이즈 더 비–비– 에어라인 카운터]	F(에프) 구역에 있습니다. 표지판만 따라가시면 됩니다. **It's in the F block. Just follow the signs.** [잇츠 인 디 에프 블락 저스트 팔로우 더 사인스]

✻ 단어　　**piece** [피–스] ~개, 조각　**luggage** [러기쥐] (여행용) 수화물　**airline** [에어라인] 항공사　**counter** [카운터] 창구　**block** [블락] 구역　**sign** [사인] 표지판

알아두면 도움이 되는 여행정보

면세점 쇼핑도 노하우가 있어요!

면세점 쇼핑은 비행기에 탑승하기 전 남는 시간 동안 둘러보는 것이라고 흔히 생각하지만, 이도 알뜰하게 쇼핑할 수 있는 노하우가 있습니다. 출국 전 여유가 있다면 시내 면세점이나 인터넷 면세점을 이용해 보세요. 공항 면세점보다 세일 등 행사나 1+1 판매 등 이벤트도 많고 할인 쿠폰이나 적립금 등 추가 할인 혜택이 있어 좀 더 저렴하게 쇼핑할 수 있답니다.

참고로 2014년 9월부터 해외여행자 휴대품 면세 한도가 기존 400달러에서 600달러로 상향 조정되었습니다. 물론 해외로 출국하는 내국인이 면세점에서 면세물품을 구입할 수 있는 총 한도액은 3천 달러입니다. 여행 후 다시 입국할 때 가져오는 면세물품이 600달러가 넘지 않도록 해야 합니다.

그리고 물품 중에는 제품별로 수량이 한정된 품목이 있는데, 이는 나라별로 차이가 있기 때문에 해당 국가의 기준을 미리 확인해 두세요. 우리나라는 주류 한 병, 담배 한 보루, 향수 600ml까지 허용됩니다.

© 김정희

언제 어디서나 바로 쓸 수 있는

핵심 패턴 40

01

I can ~.

'I can~'은 '**나는 ～을 할 수 있다, 나는 ～하면 된다**'라는 뜻입니다.

I can [아이 캔 ～] ■ ～을 할 수 있다.

drive
[드라이브]

운전할 수 있어요.

make it
[메이크 잇]

그것을 할 수 있어요.

speak Japanese
[스피익 재퍼니-즈]

일본어를 할 수 있어요.

play the violin
[플레이 더 바이얼린]

바이올린을 켤 수 있어요.

help you
[헬프 유]

당신을 도와드릴 수 있어요.

take it for free
[테이크 잇 퍼 프리-]

공짜로 그것을 가져갈 수 있어요.

transfer for free
[트랜스퍼 퍼 프리-]

공짜로 갈아탈 수 있어요.

use the Internet for free
[유-즈 디 이너넷 퍼 프리-]

공짜로 인터넷을 사용할 수 있어요.

02

I would like to ~.

'would like to ~'는 '**~하고 싶다**'는 소망을 나타내는 표현인데, 공손하게 '~하려고 한다'는 뜻으로 주로 사용됩니다. to 뒤에는 동사원형을 씁니다.

I would like to ⬜⬜⬜⬜⬜. ~하고 싶다.
[아이 우드 라이크 투]

check out
[첵 아웃]

체크아웃 하고 싶은데요.

go out
[고우 아웃]

외출하고 싶은데요.

eat something
[이잇 섬씽]

뭐 좀 먹고 싶은데요.

take cooking lessons
[테이크 쿠킹 레슨스]

요리 수업을 듣고 싶은데요.

make a reservation
[메이크 어 레저베이션]

예약하고 싶은데요.

speak to Jane
[스피익 투 제인]

제인과 통화하고 싶은데요.

have beef
[해브 비-프]

소고기로 하고 싶은데요.

ask you about it
[애스크 유 어바웃 잇]

그것에 대해 당신에게 물어보고 싶은데요.

03

I want to ~.

하고 싶은 동작을 나타낼 때는 'I want to + 동사원형' 형태로 씁니다.

I want to _____. ~하고 싶다.
[아이 원트 투]

go there 그곳에 가고 싶어요.
[고우 데어]

meet you 당신을 만나고 싶어요.
[미잇 유]

have a rest 쉬고 싶어요.
[해 버 레스트]

eat it again 그것을 다시 먹고 싶어요.
[이잇 잇 어게인]

travel abroad 해외여행 가고 싶어요.
[트래블 업러-드]

know about you 당신에 대해 알고 싶어요.
[노우 어바웃 유]

do well this time 이번에는 잘하고 싶어요.
[두 웰 디스 타임]

see Central Park too 센트럴파크도 보고 싶어요.
[시- 센트럴 파알크 투-]

04

I'm so ~!

감정을 표현할 때는 '**be동사 + 감정을 나타내는 형용사**'를 쓰는데, 이때 형용사는 '-ed' 형태가 됩니다.
so는 감정의 상태를 강조합니다.

I'm so 　　　　　　　! ~하는데요!
[아임 소우-]

excited
[익사이티드]

신이 나는데요!

surprised
[서프라이즈드]

깜짝 놀랐어요!

impressed
[임프레스트]

감동받았어요!

disappointed
[디서퍼인티드]

실망했어요!

stressed
[스트레스트]

스트레스가 되요!

worried
[워-리드]

걱정되요!

pleased
[플라-즈드]

기뻐요!

frustrated
[프러스트레이티드]

좌절했어요!

05

I'm just ~.

'I'm just ~' 문형은 '나는 그냥 ~하는 건데요'라는 뜻으로, 뒤에는 동사의 -ing형을 씁니다.

I'm just
[아임 저스트]

■ 그냥 ~하는 건데요.

visiting New York
[비지팅 누-여억]

그냥 뉴욕에 놀러 온 건데요.

looking around
[루킹 어라운드]

그냥 구경하는 건데요.

making coffee
[메이킹 커-피]

그냥 커피를 끓이고 있는데요.

checking the map
[첵킹 더 맵]

그냥 지도를 확인하는 건데요.

joking
[조우킹]

그냥 농담한 건데요.

telling you the truth
[텔링 유 더 트루쓰]

그냥 당신한테 사실을 말한 건데요.

wondering about it
[원더링 어바웃 잇]

그냥 그것에 대해 궁금한 건데요.

totally losing it
[토우털리 루-징 잇]

그냥 다 잃어버렸어요.

06

I'm going to ~.

'**be going to**'는 가까운 미래에 일어날 일이나 의지를 나타내는 표현으로, '**~하겠다**'라는 뜻입니다.
to 뒤에는 동사원형을 씁니다.

I'm going to _____. ~하겠어요.
[아임 고우잉 투]

do it
[두 잇]

그것을 하겠어요.

be there
[비– 데어]

거기에 있겠소.

take a rest
[테이크 어 레스트]

쉬겠어요.

take a nap
[테이크 어 냅]

낮잠을 자겠어요.

see a movie
[시– 어 무–비]

영화를 보러 가겠어요.

buy a book
[바이 어 북]

책을 사겠어요.

stay at home
[스테이 앳 호움]

집에 머물겠어요.

book two tickets for 5 p.m.
[북 투– 티킷츠 퍼 파이브 피–엠]

오후 5시 표 두 장을 예약하겠소.

07

I'll make you ~!

'make you + 사물'의 형태로 '당신에게 ~을 만들어 주다'라는 의미입니다. 대상이 you가 아니라면, 해당하는 대상으로 바꾸어 응용할 수 있습니다.

I'll make you   ! ~을 만들어 줄게요!
[아일 메이크 유]

a cake
[어 케이크]

케이크를 만들어 드릴게요!

a doll
[어 다알]

인형을 만들어 줄게!

a table
[어 테이블]

테이블을 만들어 줄게요!

some tea
[섬 티-]

차를 좀 만들어 줄게!

some cookies
[섬 쿠키즈]

쿠키를 좀 만들어 줄게요!

a cup of juice
[어 컵 어브 쥬-스]

주스 한 잔 만들어 드릴게요!

homemade food
[호움메이드 푸-드]

가정식을 만들어 줄게요!

a delicious Korean meal
[어 딜리셔스 커리-언 미일]

맛있는 한국 음식을 만들어 드릴게요!

08

I think ~.

'**I think~**'는 '**~한 것 같다**'라고 흔히 말버릇처럼 말하는 표현이 됩니다.

I think [ ] . ~한 것 같아요.
[아이 씽크]

the hotel is close
[더 호우텔 이즈 클로우스]

호텔이 가까운 것 같아요.

he is right
[히 이즈 라잇]

그가 옳은 것 같아요.

it is hard to do
[잇 이즈 하알드 투 두]

하기 어려울 것 같아요.

you're wrong
[유어 러엉]

당신이 틀린 것 같아요.

3 o'clock would be okay
[쓰라– 어클락 우드 비– 오우케이]

3시가 좋을 것 같은데요.

I might be home all day
[아이 마잇 비– 호움 어얼 데이]

하루 종일 집에 있을 것 같아요.

you should remember it
[유 슈드 리멤버 잇]

당신은 그것을 기억해야 할 것 같아요.

we need to buy some water
[위 니–드 투 바이 섬 워–터]

우리는 물을 좀 사야 할 것 같아요.

09

I hope ~.

'I hope + 사람 + have ~'의 문형으로 'OO에게 ~가 있으면 좋겠다'라는 의미를 나타냅니다.

I hope
[아이 호웁]

. ~면 좋겠어요.

you have a good job
[유 해 버 굿 잡]

당신이 좋은 직업을 가지면 좋겠어요.

you have a great plan
[유 해 버 그레잇 플랜]

당신이 멋진 계획을 가지면 좋겠어요.

they have an elevator
[데이 해 번 엘러베이터]

엘리베이터가 있으면 좋겠어요.

they have laundry service
[데이 해브 러언드리 서얼비스]

세탁 서비스가 있으면 좋겠어요.

they have room service
[데이 해브 루움 서얼비스]

룸 서비스가 있으면 좋겠어요.

it has a slide
[잇 해 저 슬라이드]

미끄럼틀이 있으면 좋겠어요.

it has easy chairs
[잇 해즈 이-지 체어스]

안락의자들이 있으면 좋겠어요.

it has a large parking-lot
[잇 해 저 라알지 파알킹 랏]

넓은 주차공간이 있으면 좋겠어요.

10

Can I see ~ ?

'Can I see~?' 문형은 상대방에게 '**~을 보여 주시겠어요?**'라고 할 때 흔히 쓰는 표현입니다.

Can I see ⬛⬛⬛⬛⬛ ? ~을 보여 주시겠어요?
[캔 아이 시-]

his mail [히즈 메일]	그의 편지를 보여 주시겠어요?
her card [허 카알드]	그녀의 카드를 보여 주시겠어요?
your ticket [유어 티킷]	당신의 표를 보여 주시겠어요?
your things [유어 씽즈]	소지품을 보여 주시겠어요?
a membership card [어 멤버쉽 카알드]	회원카드를 보여 주시겠어요?
your identification [유어 아이덴티피케이션]	신분증을 보여 주시겠어요?
your boarding passes [유어 버얼딩 패시즈]	탑승권을 보여 주시겠어요?
your admission ticket [유어 어드미션 티킷]	입장권을 보여 주시겠어요?

11

Can I take ~?

'Can I take~?' 문형은 **상대방에게 허락을 구할 때** 쓰는 표현입니다. 동사 take는 가지다. (교통수단을) 타다. 데리고 가다. 사진 찍다. 먹다 등 다양한 의미가 있습니다.

Can I take
[캔 아이 테이크]

? ~해도 될까요?

a bus
[어 버스]

버스 타도 될까요?

a message
[어 메시쥐]

메모를 받아도 될까요?

your coat
[유어 코웃]

당신의 코트를 가져가도 될까요?

your order
[유어 어–더]

주문 받아도 될까요?

your picture
[유어 픽처]

사진 찍어도 될까요?

a look at it
[어 룩 앳 잇]

그것을 봐도 될까요?

him to dinner
[힘 투 디너]

그를 저녁 식사에 데려와도 될까요?

it home to do it
[잇 호움 투 두 잇]

집에 가져가서 그것을 해도 될까요?

12

Can I return ~?

'Can I return~?'은 '~을 반품[반납]해도 될까요?'라는 문형입니다.
구입한 물건을 반품하거나 도서관에서 책을 반납할 때 쓸 수 있는 표현입니다.

Can I return ⬚⬚⬚⬚⬚⬚ ? ~을 반품해도 될까요?
[캔 아이 리터언]

this cactus
[디스 캑터스]

이 선인장을 반품해도 될까요?

this ticket
[디스 티킷]

이 표를 반환해도 될까요?

this cardigan
[디스 카알디건]

이 가디건을 반품해도 될까요?

a purchase
[어 퍼얼처스]

구입한 것을 반품해도 될까요?

these pants
[디즈 팬츠]

이 바지를 반품해도 될까요?

these books
[디즈 북스]

이 책들을 반납해도 될까요?

the car tomorrow
[더 카알 터마-로우]

내일 차를 반납해도 될까요?

the detective parts
[더 디덱티브 파알츠]

불량한 부분을 반품해도 될까요?

13 Do I have ~ ?

'**Do I have~?**'는 '(내가 가진 것이) ~**인가요?**'라는 뜻으로, 무엇을 확인하고자 할 때 사용하는 표현입니다.

Do I have _____ ? ~인가요?
[두 아이 해브]

a good view
[어 굿 뷰-]
전망이 좋은 방인가요?

a window seat
[어 윈도우 시잇]
창가 좌석인가요?

a double bed
[어 더블 베드]
더블 침대인가요?

same things
[세임 씽즈]
같은 것들인가요?

the new one
[더 뉴- 원]
새 것인가요?

the smaller one
[더 스머얼러 원]
더 작은 것인가요?

available tickets
[어베일러블 티킷츠]
유효한 표인가요?

round-trip tickets
[라운드 트립 티킷츠]
왕복표인가요?

14 Would you like~?

'would you like~?'는 '~을 원하시나요?'라는 뜻으로, 상대방에게 정중하게 무엇을 권할 때 쓰는 표현입니다.

Would you like _____ ? ~ 드릴까요?
[우 쥬 라이크]

a menu
[메뉴-]

메뉴 드릴까요?

a blanket
[블랭킷]

담요 드릴까요?

some dinner
[섬 디너]

저녁 식사 좀 드릴까요?

a cup of coffee
[어 컵 어브 커-피]

커피 한 잔 하실래요?

something to drink
[섬씽 투 드링크]

마실 것 좀 드릴까요?

something to read
[섬씽 투 리-드]

읽을 것 좀 드릴까요?

some more cookies
[섬 모어 쿠키즈]

쿠키를 좀 더 드릴까요?

something to watch
[섬씽 투 왓치]

볼 것 좀 드릴까요?

15

Do you have ~ ?

'**Do you have~?**'는 직역하면 '**~을 가지고 있나요?**'라는 의미입니다.

Do you have
[두 유 해브]

? ~을 가지고 있나요?

a cold
[어 코울드]

감기 걸렸어요?

a reservation
[어 레저베이션]

예약 하셨어요?

an appointment
[언 어퍼인트먼트]

약속 하셨어요?

an English name?
[언 잉글리쉬 네임]

영어 이름을 가지고 있어요?

a pet at home
[어 펫 앳 호움]

집에서 기르는 애완동물이 있어요?

any idea
[애니 아이디-어]

아이디어 있어요?

any special plan
[애니 스페셜 플랜]

어떤 특별한 계획이 있어요?

any similar experiences
[애니 시멀러 익스피어리언스]

어떤 비슷한 경험들이 있어요?

16 Did you ~?

일반동사 의문문은 기본적으로 'do + 주어 + 동사원형~?' 형태인데, 이때 동사가 과거형이기 때문에 **do가 did로 바뀐** 것입니다.

Did you _____ ? ~했어요?
[디 쥬]

like it
[라이크 잇]
당신은 마음에 들었어요?

make it
[메이크 잇]
당신이 그것을 만들었어요?

wash the dishes
[워쉬 더 디쉬즈]
당신이 설거지했어요?

go to church
[고우 투 처얼치]
당신은 교회에 갔어요?

study at library
[스터디 앳 라이브레리]
당신은 도서관에서 공부했어요?

watch that movie
[왓치 댓 무–비]
당신은 저 영화를 봤어요?

know about it
[노우 어바웃 잇]
당신은 그것에 대해 알았어요?

hear the news
[히어 더 뉴–즈]
당신은 그 소식을 들었어요?

17

You can ~!

'You can~'은 '~할 수 있다'와 '~해도 된다'의 두 가지 의미를 지니고 있습니다.

You can   **!** ~할 수 있어요!
[유 캔]

do it, too   당신도 할 수 있어요!
[두 잇 투–]

go home now   지금 집에 가도 되요!
[고우 호움 나우]

join the game   게임에 참여할 수 있어요!
[저인 더 게임]

choose anything   아무거나 골라도 되요!
[츄–즈 애니씽]

see the whole city   도시 전체를 볼 수 있소!
[시– 더 호울 시티]

try all kinds of food   모든 종류의 음식을 먹을 수 있어요!
[트라이 어얼 카인즈 어브 푸–드]

enjoy movies for free   공짜로 영화를 즐길 수 있어요!
[인저이 무–비즈 퍼 프리–]

use the cell phone here   여기에서 휴대 전화를 사용해도 되요!
[유–즈 더 셀 포운 히어]

18

You should ~.

'You should ~'는 '(당신은) ~해야 합니다'라는 뜻으로 뒤에는 동사원형이 나옵니다.

You should
[유 슈드]

■ ~해야 합니다.

take train 6
[테이크 트레인 식스]

6호선을 타셔야 합니다.

listen to me
[리슨 투 미–]

제 말을 잘 들어야 합니다.

give him a call
[기브 힘 어 커얼]

그에게 전화해야 합니다.

buy some food
[바이 섬 푸–드]

음식을 좀 사야 합니다.

go to the hospital
[고우 투 더 하–스피틀]

병원에 가셔야 합니다.

go back to Korea
[고우 백 투 커리–어]

한국으로 돌아가셔야 합니다.

take the airport bus
[테이크 디 에어퍼얼트 버스]

공항버스를 타셔야 합니다.

find your tour group
[파인트 유어 투어 그루웁]

여행 단체를 찾아야 합니다.

19

Can you help me~?

'help + 사람 + (to) 동사원형'은 '00가 ~하는 것을 돕다'라는 의미의 문형으로, 상대방에게 도움을 요청할 때 쓸 수 있는 표현입니다.

Can you help me   ? ~을 도와주시겠어요?
[캔 유 헬프 미]

clean up
[클리인 업]

청소하는 걸 도와주시겠어요?

carry this box
[캐리 디스 박스]

이 상자 옮기는 걸 도와주시겠어요?

pass the exam
[패스 디 이그잼]

시험에 합격하도록 도와주시겠어요?

win the game
[윈 더 게임]

시합에 이기도록 도와주시겠어요?

finish my work
[피니쉬 마이 워얼크]

내 일을 마치도록 도와주시겠어요?

pack the stuff
[팩 더 스터프]

짐 싸는 걸 도와주시겠어요?

look for my wallet
[룩 퍼 마이 왈릿]

내 지갑 찾는 걸 도와주시겠어요?

get to Coney Island
[겟 투 코우니 아일랜드]

코니 아일랜드까지 가는데 도와주시겠어요?

20 Have you tried ~?

'**Have you tried ~?**'는 '~해 본 적 있나요?'라는 의미입니다. 이때 try는 '시도하다'라는 뜻으로, 뒤에 음식이 나오면 '먹어 보다', 옷이 나오면 '입어 보다' 등 다양하게 활용할 수 있습니다.

Have you tried ⬛⬛⬛⬛⬛⬛ ? ~해 본 적 있나요?
[해브 유 트라이드]

bulgogi
[불고기]

불고기 먹어 봤어요?

(on) a hanbok
[(언) 어 한복]

한복 입어 봤어요?

(on) a kimono
[(언) 어 커모우너]

기모노 입어 봤어요?

Korean food
[커리-언 푸-드]

한국 요리 먹어 봤어요?

other medicine
[어더 메더신]

다른 약을 먹어 봤어요?

asking for advice
[애스킹 퍼 애드바이스]

조언을 구해 봤어요?

bungee jumping
[번쥐 점핑]

번지점프 해 봤어요?

getting some exercise
[게팅 섬 엑서사이즈]

운동을 좀 해 봤어요?

21 How about ~?

'**How about ~?**'은 '**~는 어때요?**'라며 무엇을 제안할 때 사용하는 문형으로, 뒤에 명사나 동사의 -ing 형이 옵니다.

How about ____ ? ~ 어때요?
[하우 어바웃]

you
[유]

당신은 어때요?

a drink
[어 드링크]

한 잔 하는 것 어때요?

this one
[디스 원]

이건 어때요?

next Friday
[넥스트 프라이데이]

다음 주 금요일 어때요?

tomorrow
[터마-로우]

내일은 어때요?

having lunch
[해빙 런치]

점심 식사 하는 것 어때요?

reading novels
[리-딩 나벌스]

소설을 읽는 건 어때요?

joining this program
[저이닝 디스 프로우그램]

이 프로그램에 참여하는 건 어때요?

22

How long ~?

'**How long~?**'은 시간이나 거리, 길이가 얼마나 되는지 물어볼 수 있는 표현이 됩니다.

How long   ? 얼마나 ~가요?
[하우 러엉]

are they
[아– 데이]

그것들은 얼마나 걸리나요?

is the rope
[이즈 더 로웁]

끈이 얼마나 긴가요?

is the course
[이즈 더 커얼스]

그 과정은 얼마나 걸리나요?

is it to Manhattan
[이즈 잇 투 맨해튼]

맨해튼까지 얼마나 걸리나요?

can turtles live
[캔 터얼틀즈 리브]

거북이는 얼마나 사나요?

have you been here
[해 뷰 빈 히어]

여기에 온 지 얼마나 되셨어요?

have you been married
[해 뷰 빈 메리드]

결혼한 지 얼마나 되셨어요?

have you been in Korea
[해 뷰 빈 인 커리–어]

한국에 온 지 얼마나 되셨어요?

23

How do you ~?

'**How do you ~?**' 문형은 '**어떻게 ~합니까?**'라는 의미로, 뒤에 동사원형을 씁니다.

How do you   ? 어떻게 ~ 해요?
[하우 두 유]

feel [피일]	기분이 어떠세요?
know [노우]	어떻게 알았어요?
study English [스터디 잉글리쉬]	영어 공부 어떻게 하세요?
spell your name [스펠 유어 네임]	이름 철자가 어떻게 되요?
say it [세이 잇]	그것을 어떻게 말해요?
eat them [이잇 뎀]	그것들을 어떻게 먹어요?
spend your time [스펜드 유어 타임]	시간을 어떻게 보내세요?
think about him [씽크 어바웃 힘]	그에 대해 어떻게 생각해요?

24

What kind[kinds] of ~ is[are] there?

'**어떤 종류의 ~가 있나요?**'라는 뜻으로 of 뒤에 오는 명사가 복수형이면 '**What kinds of ~ are there?**'가 됩니다.

What kind of ⬚⬚⬚ is there? 어떤 종류의 ~가 있나요?
[왓 카인드 어브]　　　　　　　　　　　　　[이즈 데어]

art
[아알트]

어떤 종류의 예술품이 있나요?

food
[푸—드]

어떤 종류의 음식이 있나요?

bread
[브레드]

어떤 종류의 빵이 있나요?

wine
[와인]

어떤 종류의 와인이 있나요?

What kinds of ⬚⬚⬚ are there? 어떤 종류의 ~가 있나요?
[왓 카인즈 어브]　　　　　　　　　　　　　[아— 데어]

books
[북스]

어떤 종류의 책들이 있나요?

flowers
[플라워스]

어떤 종류의 꽃들이 있나요?

instruments
[인스트러먼츠]

어떤 종류의 악기들이 있나요?

healthy herbs
[헬씨 허얼브]

어떤 종류의 건강에 좋은 나물들이 있나요?

25

What do you want to ~?

'What do you want ~?'는 **'~하기를 원하십니까?'**라는 의미의 문형으로, to 뒤에 동사원형을 씁니다.

What do you want to [   ] ? ~하고 싶어요?
[왓 두 유 원트 투]

drink [드링크]	뭘 마시고 싶어요?
eat [이잇]	뭘 먹고 싶어요?
be [비-]	뭐가 되고 싶어요?
write [라이트]	뭘 쓰고 싶어요?
see [시-]	뭘 보고 싶어요?
read [리-드]	뭘 읽고 싶어요?
listen [리슨]	뭐가 듣고 싶어요?
choose [추-즈]	뭘 고르고 싶어요?

26

When do you want to ~?

'언제 ~하고 싶어요?'라고 물어보려면 때를 묻는 의문사 when을 문장 앞에 붙여 'When do you want to + 동사원형?'이라고 합니다.

When do you want to [　　　　]? 언제 ~하고 싶어요?
[웬 두 유 원트 투]

leave
[라-브]

언제 떠나고 싶어요?

start
[스타알트]

언제 출발하고 싶어요?

read
[라-드]

언제 읽고 싶어요?

go out
[고우 아웃]

언제 외출하고 싶어요?

come
[컴]

언제 오고 싶어요?

travel
[트래블]

언제 여행하고 싶어요?

tell him
[텔 힘]

언제 그에게 말하고 싶어요?

do for her
[두 퍼 허]

언제 그녀를 위해 하고 싶어요?

27

When do/does/did ~?

'When do/does/did ~ ?' 문형은 '**언제 ~하나요?**'라는 의미를 나타내는 문형입니다.

When do
[웬 두]
? 언제 ~하나요?

you cry 언제 울어요?
[유 크라이]

you meet them 언제 그들을 만나요?
[유 미잇 뎀]

When does
[웬 더즈]
? 언제 ~하나요?

the full-day tour start 종일투어는 언제 시작하나요?
[더 풀 데이 투어 스타알트]

the movie end 영화는 언제 끝나요?
[더 무-비 엔드]

When did
[웬 디드]
? 언제 ~하나요?

you come back 당신은 언제 돌아왔어요?
[유 컴 백]

you start learning English 당신은 언제 영어를 배우기 시작했나요?
[유 스타알트 라-닝 잉글리쉬]

28 Where do/does/did ~?

'**Where do/does/did ~ 동사?**' 문형은 **목적지를 묻는 표현**입니다. 이때 이동의 의미를 가진 동사를 씁니다.

Where do ? 어디로 ~해요?
[웨어 두]

you like to go shopping
[유 라이크 투 고우 샤핑]
쇼핑하러 어디에 가기를 좋아하나요?

you want to go
[유 원트 투 고우]
어디에 가고 싶어요?

Where does ? 어디로 ~해요?
[웨어 더즈]

the half-day tour go
[더 하프 데이 투어 고우]
반나절투어는 어디에 가나요?

the camp go
[더 캠프 고우]
캠프는 어디로 가나요?

Where did ? 어디로 ~해요?
[웨어 디드]

you move
[유 무–브]
어디로 이사 갔어요?

you go during summer break
[유 고우 듀–링 서머 브레이크]
여름 휴가 때 어디로 갔어요?

29

Where can I buy ~?

'**Where can we buy ~?**'는 '**어디서 ~을 살 수 있을까요?**'라는 뜻의 문형입니다.

Where can I buy [   ] **?** 어디서 ~을 살 수 있을까요?
[웨어 캔 아이 바이]

a nice men's suit   어디서 멋진 남성복을 살 수 있을까요?
[어 나이스 멘즈 수웃]

a ticket   어디서 표를 살 수 있을까요?
[어 티킷]

some souvenirs   어디서 기념품을 좀 살 수 있을까요?
[섬 수-버니어스]

some drinks   어디서 음료수를 좀 살 수 있을까요?
[섬 드링크스]

postcard   어디서 엽서를 살 수 있을까요?
[포우스트카알드]

a newspaper   어디서 신문을 살 수 있을까요?
[어 뉴-즈페이퍼]

discount ticket   어디서 할인표를 살 수 있을까요?
[디스카운트 티킷]

an admission ticket   어디서 입장권을 살 수 있을까요?
[언 애드미션 티킷]

30

Which ~?

'which'는 '어떤'이라는 의미로, A와 B 중 어느 쪽을 선택할 것인지 묻는 의문사입니다.

Which _____ **?** 어떤 ~해요?
[위치]

tour (would you like)
[투어 (우 쥬 라이크)]

어떤 투어(를 원하시나요)?

fruit do you want
[프루웃 두 유 원트]

어떤 과일을 원하시나요?

way do you want to go
[웨이 두 유 원트 투 고우]

어느 길로 가고 싶어요?

car is yours
[카– 이즈 유어스]

어느 차가 당신 것인가요?

one do you love more
[원 두 유 러브 모어]

어떤 것을 더 좋아하세요?

one do you want to drink
[원 두 유 원트 투 드링크]

어떤 것을 마시고 싶어요?

way is the Central Park
[웨이 이즈 더 센트럴 파알크]

어느 길이 센트럴파크쪽인가요?

team do you think will win
[티임 두 유 씽크 윌 윈]

어느 팀이 이길 거라고 생각해요?

관련 표현 ••• 챕터 6 표현 33

31

Does it cost ~?

'Does it cost + 비용 ~?'은 '~하는 데 (비용이) 드나요?'라는 뜻입니다. 이 문형을 응용해 의문사 **how much**를 붙여서 '(~하는데) 얼마나 드나요?'라고 더 많이 사용합니다.

Does it cost   ? ~하는데 비용이 드나요?
[더즈 잇 커-스트]

more money
[모어 머니]

돈이 더 드나요?

extra money
[익스트라 머니]

추가 비용이 드나요?

50 dollars to go there
[피프티 달러즈 투 고우 데어]

그곳에 가는데 50달러가 드나요?

a lot very much
[어 랏 베리 머치]

매우 많이 드나요?

How much does it cost   ? ~하는데 얼마나 드나요?
[하우 머치 더즈 잇 커-스트]

for adults
[퍼 어덜츠]

성인은 얼마나 드나요?

to stay here
[투 스테이 히어]

여기에 묵는데 얼마나 드나요?

to go to New York
[투 고우 투 누-여억]

뉴욕까지 가는데 얼마나 드나요?

32

It's getting ~.

It's getting ~ 문형은 '~해지고 있다'라는 뜻으로, 뒤에 형용사나 형용사의 비교급을 써서 생동감 있는 표현이 됩니다.

It's getting ____. ~해지고 있어요.
[잇츠 게팅]

dark
[다알크]
어두워지고 있어요.

late
[레이트]
시간이 늦어지고 있어요.

cold
[코울드]
추워지고 있어요.

worse
[워얼스]
더 나빠지고 있어요.

hotter
[하터]
더 더워지고 있어요.

closer
[클로서]
더 가까워지고 있어요.

harder
[하알더]
더 어려워지고 있어요.

better
[베터]
더 좋아지고 있어요.

33

This is ~.

사람을 소개할 때는 'He is'나 'She is'라고 하지 않고 **'This is ~'**라고 합니다.

This is
[디스 이즈]

■ 이쪽은 ~입니다.

my boyfriend David
[마이 버이프렌드 데이빗]

이쪽은 제 남자 친구 데이비드예요.

my son
[마이 선]

이쪽은 제 아들이에요.

my family
[마이 패멀리]

이쪽은 제 가족이에요.

my boss, Mr. Roberts
[마이 보-스 미스터 로버얼츠]

이쪽은 제 상사인 로버츠 씨입니다.

Hyena, my girlfriend
[헤나 마이 거얼프렌드]

이쪽은 제 여자 친구 헤나예요.

my teacher Mr. Baker
[마이 티-처 미스터 베이커]

이쪽은 제 선생님인 베이커 씨입니다.

his wife, Mrs. Tayler
[히즈 와이프 미시즈 테일러]

이쪽은 그의 아내 테일러 씨예요.

her sister Jenny
[허 시스터 제니]

이쪽은 그녀의 여동생 제니예요.

34

Is this ~ to ~?

'Is this + 교통수단 + to + 목적지?' 형태로, 여행지에서 길을 물을 때 많이 쓸 수 있는 표현입니다.

Is this   to   ? ~인가요?
[이즈 디스]   [투]

the bus [더 버스]	**Coney Island** [코우니 아일랜드]	코니 아일랜드행 버스인가요?
the bus [더 버스]	**Central Park** [센트럴 파알크]	센트럴파크행 버스인가요?
the train [더 트레인]	**Busan** [부산]	부산행 열차인가요?
the train [더 트레인]	**Milan** [밀랜]	밀라노행 열차인가요?
the flight [더 플라잇]	**New York** [누―여억]	뉴욕행 비행기인가요?
the flight [더 플라잇]	**L.A.** [엘에이]	로스엔젤레스행 비행기인가요?
the subway [더 섭웨이]	**downtown** [다운타운]	시내방향 지하철인가요?
the tram [더 트램]	**Vitoria Peak** [빅터―리어 피익크]	빅토리아피크행 트램인가요?

35

That sounds ~.

That sounds ~'는 직역하면 '그거 ~한 소리군요'라는 의미인데, 뒤에 형용사를 써서 **상대방의 말에 대한 감상을 표현**할 때 사용합니다.

That sounds　　　　　　　　! 그거 ~하군요!
[댓 사운즈]

terrific
[터리픽]

그거 좋은데요!

strange
[스트레인쥐]

그거 이상하군요!

interesting
[인터레스팅]

그거 흥미롭군요!

beautiful
[뷰-터펄]

그거 아름다운 얘기군요!

cool
[쿠울]

그거 멋진데요!

fun
[펀]

그거 재미있군요!

romantic
[로우맨틱]

그거 낭만적이군요!

perfect
[퍼얼픽트]

그거 이상적이군요!

관련 표현 •••• 챕터 5 표현 29

36

Don't be ~.

동사가 맨 앞에 나오는 **명령문에서 동사 앞에 'Don't'를 붙이면 '~하지 마라'**는 뜻의 부정명령문이 됩니다. 이때 동사가 be동사이면 '**Don't be ~**'가 됩니다.

Don't be _____ . ~하지 말아요.
[도운트 비-]

scared [스케얼드]	무서워하지 말아요.
shy [샤이]	부끄러워하지 말아요.
sad [새드]	슬퍼하지 말아요.
late [레이트]	늦지 말아요.
lazy [레이지]	나태하지 말아요.
angry [앵그리]	화내지 말아요.
nervous [너얼버스]	초조해하지 말아요.
disappointed [디서퍼인티드]	실망하지 말아요.

37

Look at ~.

'**look at**'은 '**~을 보다**'라는 뜻의 숙어입니다. **at** 뒤에는 목표물이나 행동의 대상이 나옵니다.

Look at   ! ~ 좀 봐요!
[룩 앳]

me   날 좀 봐요!
[미–]

the stars   별들 좀 봐요!
[더 스타알스]

the menu   메뉴 좀 봐요!
[더 메뉴–]

the view   경치 좀 봐요!
[더 뷰–]

the ball   공 좀 봐요!
[더 버얼]

the blue sky   푸른 하늘 좀 봐요!
[더 블루– 스카이]

the cute boy   저 귀여운 소년 좀 봐요!
[더 큐–트 버이]

all the T-shirts   티셔츠들 좀 봐요!
[어얼 더 티– 셔얼츠]

38

Let's ~.

'**Let's + 동사원형**'은 '**~합시다**'라는 의미로, 제안하거나 의견을 제시할 때 쓰는 문형입니다.

Let's [____] . ~합시다.
[렛츠]

do both.
[두 보우쓰]

둘 다 해요.

have both
[해브 보우쓰]

둘 다 먹어요.

go to both places
[고우 투 보우쓰 플레이시즈]

두 곳 다 가죠.

sing both songs
[싱 보우쓰 송스]

두 곡 다 부르자.

buy some for the grandkids
[바이 섬 퍼 더 그랜드키즈]

손자들에게 줄 것 좀 삽시다.

buy some for my parents
[바이 섬 퍼 마이 페어런츠]

부모님께 드릴 것 좀 삽시다.

cook some for my friends
[쿡 섬 퍼 마이 프렌즈]

친구들에게 줄 것 좀 요리합시다.

make some for Lucy
[메이크 섬 퍼 루시]

루시에게 줄 것 좀 만듭시다.

39

Have a ~.

'**Have (a) ~**' 패턴은 명령문 스타일이지만, 딱딱하지 않고 **부드러운 느낌으로 말할 수 있는 문장**입니다.

Have a ▢▢▢▢▢▢. ~세요.
[해 버]

safe trip
[세이프 어 트립]

안전한 여행 되세요.

nice weekend
[나이스 위-켄드]

좋은 주말 되세요.

good time
[굿 타임]

즐거운 시간 되세요.

seat
[시잇]

자리에 앉으세요.

drink
[드링크]

한 잔 하세요.

nice day
[나이스 데이]

좋은 날 되세요.

good summer break
[굿 서머 브레이크]

즐거운 여름 휴가 되세요.

nice April Fool's day
[나이스 에이프럴 푸울스 데이]

즐거운 만우절 되세요.

40

Give me a ~!

'give me a ~' 문형은 '~해 주세요'라는 뜻으로 쓰이는 다양한 표현이 있습니다.

Give me a ⬛⬛⬛⬛⬛⬛! ~해 주세요!
[기브 미– 어]

hug
[허그]

안아주세요!

call
[커얼]

전화해 주세요!

break
[브레이크]

그만 좀 하세요!

chance
[챈스]

한 번만 봐 주세요!

rest
[레스트]

귀찮게 하지 마세요!

hand
[핸드]

도와주세요!

hint
[힌트]

힌트 좀 주세요!

piggyback
[피기백]

업어 주세요!

연습문제 확인하기

정답

CHAPTER 01 출발

UNIT 1 기내 좌석 찾기

I. 1 ① his mail
      ② your ticket
      ③ her card
    2 ① a good view
      ② round-trip tickets
      ③ a double bed

II. 1 Here
    2 straight
    3 next
    4 Enjoy

III. 1 탑승권을 보여 주시겠어요?
     2 창가 좌석인가요?

UNIT 2 기내식

I. 1 ① a cup of coffee
      ② something to drink
      ③ something to read
    2 ① to eat
      ② to read
      ③ to drink

II. 1 potatoes
    2 please
    3 have
    4 And

III. 1 저녁 식사 드릴까요?
     2 무엇이 있죠?

UNIT 3 입국 심사

I. 1 ① traveling
      ② coming
      ③ flying
    2 ① in Seoul
      ② at home

      ③ at the park

II. 1 Passports
    2 see
    3 Only
    4 welcome

III. 1 어디서 여행 오셨습니까?
     2 미국에 얼마나 머무실 겁니까?

CHAPTER 02 숙박

UNIT 1 체크인

I. 1 ① an appointment
      ② a cold
      ③ lunch
    2 ① your receipt
      ② your bag
      ③ the letters

II. 1 booked
    2 see
    3 right
    4 in

III. 1 예약하셨어요?
     2 여기 카드키 있습니다.

UNIT 2 시설 이용

I. 1 ① a tennis court
      ② 100 rooms
      ③ a big auditorium
    2 ① room service
      ② a large parking-lot
      ③ a good job

II. 1 see
    2 sauna
    3 laundry
    4 a lot of

III. 1 거대한 수영장이 있더라고요.

    2 세탁 서비스가 있으면 좋겠네요.

 체크아웃

I. 1 ① go out

    ② eat something

    ③ take cooking lessons

  2 ① check

    ② credit card

    ③ cash

II. 1 stay

  2 friendly

  3 pay for

  4 for

III. 1 체크아웃 하고 싶은데요.

  2 신용카드로 하겠습니다.

CHAPTER 03 음식점

 주문

I. 1 ① your coat

    ② a bus

    ③ him

  2 ① a drink

    ② next Friday

    ③ having lunch

II. 1 have

  2 please

  3 include

  4 then

III. 1 주문하시겠습니까?

  2 손님은요?

2 식사

I. 1 ① the size

---

    ② the weather

    ③ your trip

  2 ① taller

    ② bigger

    ③ more expensive

II. 1 smells

  2 a little

  3 try

  4 Help

III. 1 버거 어때요?

  2 그건 김치보다 더 매워요!

 카페

I. 1 ① tired

    ② terrible

    ③ good

  2 ① eat

    ② be

    ③ write

II. 1 more

  2 treat

  3 sweet

  4 need to

III. 1 이곳이 흥미로워 보이네요.

  2 뭘 마시겠소?

CHAPTER 04 관광 I

 관광 계획

I. 1 ① to go there

    ② to meet you

    ③ to travel abroad

  2 ① have

    ② go to

    ③ sing

II. 1 about
 2 guess
 3 need
 4 get

III. 1 나는 정말 센트럴파크도 보고 싶어요.
 2 둘 다 해요.

UNIT 2 관광안내소

I. 1 ① the course
 ② to Manhattan
 ③ the rope
 2 ① the camp
 ② the balloon
 ③ you

II. 1 about
 2 sounds
 3 and
 4 goes to

III. 1 얼마나 걸리나요?
 2 반나절투어는 어디에 가나요?

UNIT 3 투어 예약

I. 1 ① fruit
 ② way
 ③ car
 2 ① start
 ② end
 ③ come back

II. 1 help
 2 book
 3 like
 4 come

III. 1 어떤 투어죠?
 2 종일투어는 언제 시작하나요?

 CHAPTER 05 관광 II

UNIT 1 미술관

I. 1 ① make it
 ② wash the dishes
 ③ go to church
 2 ① food
 ② books
 ③ flowers

II. 1 fantastic
 2 interesting
 3 called
 4 different

III. 1 당신은 마음에 들었어요?
 2 어떤 종류의 예술품이 있나요?

UNIT 2 뮤지컬

I. 1 ① surprised
 ② impressed
 ③ disappointed
 2 ① eating
 ② going
 ③ watching

II. 1 There's
 2 sitting in
 3 excellent
 4 Enjoy

III. 1 신이 나는데요!
 2 저희 자리가 어디죠?

UNIT 3 전망대

I. 1 ① shy
 ② sad
 ③ late
 2 ① try all kinds of food
 ② do it

③ go home

II. 1 floors

2 a little

3 There's

4 picture

III. 1 무서워하지 말아요.

2 도시 전체를 볼 수 있소!

CHAPTER 06 교통

UNIT 1 대중교통 이용

I. 1 ① a taxi

② a picture

③ the medicine

2 ① the airport bus

② your tour group

③ to Korea

II. 1 Which

2 line

3 Get on

4 get off

III. 1 지하철을 타도 될까요?

2 6호선을 타셔야 합니다.

UNIT 2 환승

I. 1 ① extra money

② 50 dollars

③ How much

2 ① take it

② use the Internet

③ help you

II. 1 convenient

2 transfer

3 have

4 get

III. 1 돈이 더 드나요?

2 그래서 공짜로 갈아탈 수 있답니다.

UNIT 3 잘못 탔을 때

I. 1 ① the bus to Central Park

② the train to Busan

③ the flight to New York

2 ① carry this box

② pass the exam

③ win the game

II. 1 beach

2 lost

3 mistake

4 worry

III. 1 코니 아일랜드행 버스인가요?

2 코니 아일랜드까지 가는데 도와주시겠어요?

CHAPTER 07 쇼핑

UNIT 1 옷 가게

I. 1 ① some water

② some snack

③ a T-shirt

2 ① a ticket

② some souvenirs

③ some drinks

II. 1 need

2 Buy

3 at home

4 Excuse

III. 1 뭐 좀 살래요?

2 어디서 멋진 남성복을 살 수 있을까요?

UNIT 2 기념품 숍

I. 1 ① the blue sky

② the cute boy

③ me

2 ① my parents

② my friends

③ Lucy

II. 1 each

2 too

3 give

4 get

III. 1 티셔츠들 좀 봐요!

2 손자들 줄 것 좀 사요.

UNIT 3 환불

I. 1 ① this ticket

② these pants

③ these books

2 ① looking around

② making coffee

③ checking the map

II. 1 problem

2 bring

3 receipt

4 back

III. 1 이 선인장을 반품해도 될까요?

2 그냥 뉴욕에 놀러 온 건데요.

CHAPTER 08 교제

UNIT 1 인사 및 소개

I. 1 ① my son

② my family

③ my boss, Mr. Roberts

2 ① he

② your husband

③ Mina

II. 1 Great to

2 love

3 manage

4 too

III. 1 이쪽은 제 남자 친구 데이비드예요.

2 그럼 데이비드 자네는 직업이 뭔가?

UNIT 2 초대

I. 1 ① next weekend

② this Friday

③ on Christmas

2 ① strange

② interesting

③ beautiful

II. 1 met

2 think

3 having

4 husband

III. 1 내일 저녁에 바쁘세요?

2 그거 좋은데요!

UNIT 3 파티

I. 1 ① bulgogi

② a hanbok

③ bungee jumping

2 ① a cake

② a doll

③ cookies

II. 1 beautiful

2 like

3 fine

4 Then

III. 1 한국 요리 먹어 봤어요?

2 제가 맛있는 한국 음식을 만들어 드릴게요!

CHAPTER 09 긴급상황

UNIT 1 길을 잃음

I. 1 ① late

② cold

③ worse

2 ① he is right

② we need to buy some water

③ it is hard to do

II. 1 lost

2 ask

3 There's

4 take

III. 1 어두워지고 있어요.

2 호텔이 가까운 것 같은데요.

UNIT 2 지갑을 잃어버림

I. 1 ① She's

② He's

③ My son's

2 ① she is sick

② it will rain

③ he'll come

II. 1 at

2 this morning

3 go back to

4 left

III. 1 내 지갑이 없어졌네!

2 아마도 도둑 맞은 것 같소.

UNIT 3 응급실

I. 1 ① to you

② to your mother

③ to your brother

2 ① know

② study English

③ spell your name

II. 1 fell on

2 cut

3 deep

4 stitches

III. 1 무슨 일이시죠?

2 기분이 어떠세요?

CHAPTER 10 귀국

UNIT 1 귀국 항공권 예약

I. 1 ① start

② read

③ go out

2 ① buy a book

② stay at home

③ take a nap

II. 1 leave

2 get

3 really

4 wave

III. 1 언제 떠나고 싶어요?

2 오후 5시 표 두 장을 예약하겠소.

UNIT 2 배웅

I. 1 ① nice weekend

② good time

③ seat

2 ① call

② break

③ chance

II. 1 already

2 soon

3 kind

4 pictures

III. 1 아버님, 어머님 안전한 여행 되세요.

    2 안아 주렴!

③ UNIT 3 티켓팅 & 보딩

I. 1 ① L.A.

    ② 3 p.m.

    ③ Friday

  2 ① Central Park

    ② 5 p.m.

    ③ night

II. 1 tickets

  2 have

  3 Here

  4 Thanks

III. 1 뉴욕발 서울행 212편이신가요?

  2 비행기는 32번 탑승구에서 출발합니다.

메모

메모